P. F. C.

Eine militairische Denkschrift

Von französischer Seite kritisch beleuchtet

P. F. C.

Eine militairische Denkschrift
Von französischer Seite kritisch beleuchtet

ISBN/EAN: 9783743612167

Hergestellt in Europa, USA, Kanada, Australien, Japan

Cover: Foto ©ninafisch / pixelio.de

Manufactured and distributed by brebook publishing software (www.brebook.com)

P. F. C.

Eine militairische Denkschrift

Eine

militairische Denkschrift

von P. F. C.

von französischer Seite kritisch beleuchtet,

(im Spectateur militaire);

für

die Kameraden aller deutschen Armeen

verdeutscht und mit Anmerkungen versehen

von

dem Verfasser

der Schrift: „Die französische Armee auf dem Exercirplatze und im Felde."

———•———

Berlin, 1862.

Druck und Verlag von E. S. Mittler und Sohn.

Vorwort.

Zu den interessantesten Erscheinungen in der militairischen Literatur der neuesten Zeit gehört unstreitig die Broschüre, welche schon längst vor ihrer Veröffentlichung durch den Druck — unter dem Titel „Eine militairische Denkschrift von P. F. C." (in Commission bei F. B. Auffarth in Frankfurt a. M. 1860) — einem engeren Kreise von Militairs bekannt geworden war und die allgemeine Aufmerksamkeit in so hohem Grade erregt hatte, daß eine weitere Verbreitung derselben nur dem allgemeinen Wunsche des militairischen Publikums entsprechen konnte.

Mit der lebhaftesten Theilnahme und allseitigem Beifall wurde demnach die treffliche, gediegene kleine Schrift, deren Inhalt nicht genug beherzigt werden kann, auch allerwärts aufgenommen, und schwerlich dürfte es in den verschiedenen Armeen Deutschlands heute wohl noch einen gebildeten Militair geben, der die Broschüre nicht mit hohem Interesse gelesen hätte und den, in derselben ausgesprochenen Ansichten, im Allgemeinen wenigstens, nicht von ganzem Herzen beipflichtete.

Aber nicht blos in Deutschland, sondern auch im Auslande ist die gedachte Schrift vielfach verbreitet, und in Frankreich sogar, in dem gelesensten militairischen Journal, dem Spectateur militaire, in ausführlichster Uebersetzung*), ohne weitere Bemerkungen mitgetheilt worden, indem der resp. Uebersetzer letztere, wie wohl zu erwarten stand, sich vorbehalten zu haben schien.

Diese französische Kritik resp. Recension der quäst. militairischen Denkschrift hat auch in der That nicht lange auf sich warten lassen; denn schon die drei nächsten Hefte des Spectateur militaire**) (vom Februar, März, April 1861) haben dieselbe des Ausführlichsten gebracht und zwar in einer Sprache und Ausdrucksweise, daß diese französische Besprechung nicht länger unbeachtet gelassen werden darf. Neben manchem Wahren und Richtigen, namentlich in Bezug auf die allgemein politischen Verhältnisse, was mitunter selbst der Beherzigung werth sein dürfte! liegt der gedachten Kritik oder Recension, welche mit einem unverkennbaren Vorurtheil und wahrlich nicht ohne Anmaßung geschrieben ist, nicht nur eine, zum größten Theil durchaus unrichtige Auffassung der, in der quäst. militairischen Denkschrift ausgesprochenen, Ansichten und Absichten zum Grunde, sondern dieselbe documentirt, neben einer gänzlichen Unbekanntschaft mit den resp. Reglements der Preußischen Armee, auch eine so völlige Unkenntniß des

---

*) Siehe Spectateur militaire, 2e Série, 33e tome, 114e Livraison (Décembre 1860), und 115e Livraison (Janvier 1861), „Eine militairische Denkschrift von P. F. C."

**) Siehe Spectateur militaire, 2e Série, 33e tome, 116e Livraison (Février 1861), 117e Livraison (Mars 1861), 118e Livraison (Avril 1861). „Considérations et observations sur le Mémoire militaire (Eine militairische Denkschrift von P. F. C.), traduit de l'allemand par Mr. de la Fruston.

Wesens und Geistes nicht nur der Preußischen, sondern auch der übrigen deutschen Armeen, daß man die Schrift nicht ohne stille Verwunderung zu lesen vermag, wenn auch der deutsche Leser, im Gefühl der vaterländischen Würde, sich über die zu Tage liegende Ruhmredigkeit, so wie über die maaßlosen, unzarten Ausfälle sowohl gegen den Erlauchten Verfasser der Denkschrift, als auch gegen die Preußische Armee und gegen Deutschland lächelnd hinwegzusetzen nicht verfehlen wird. Man muß es aber gelesen haben, um es zu glauben, daß Dergleichen als Beleuchtung harmloser, ohne allen Anspruch ausgesprochener Ansichten — welche überdies dem allgemein anerkannten Muth, den trefflichen militairischen Eigenschaften und der Tüchtigkeit der französischen Armee volle Gerechtigkeit widerfahren lassen — der Oeffentlichkeit durch den Druck übergeben werden konnte.

Da es demnach wohl gut und nützlich sein dürfte, daß jeder Preußische, so wie jeder deutsche Militair überhaupt, erfahre, wie er von jener Seite beurtheilt wird, der Spectateur militaire auch vielleicht nicht von allen Militairs der Preußischen, so wie der übrigen deutschen Armeen gelesen werden dürfte, — in Frankreich aber der größte Theil der Officiere denselben liest und dessen Ausspruch ohne Weiteres schon deshalb für Wahrheit hält, weil — derselbe ja gedruckt ist! — so erscheint es gewissermaßen als eine Pflicht gegen die Kameraden, den fraglichen französischen Aufsatz durch die hier folgende gewissenhaft wortgetreue Verdeutschung desselben, allen Preußischen und deutschen Kameraden zugänglicher zu machen und denselben — nicht zur Vertheidigung der trefflichen militairischen Denkschrift, die deren in keiner Weise bedarf — sondern zur Aufklärung und Berichtigung der vielen Irrthümer und Unrichtigkeiten, welche die französische Kritik ausspricht — sine ira und, wenn auch nicht ganz sine studio, doch ohne jede Absicht: „provociren oder dem Urtheil der geehrten Leser vorgreifen zu wollen" — mit einigen Bemerkungen, in aller Ruhe und Anspruchslosigkeit, treu dem Wahlspruch „suum cuique!" näher zu beleuchten.

Nur diejenigen Sätze des Textes, welche den geehrten Leser zu Zweifeln berechtigen dürften, sind noch besonders angedeutet worden durch: „— (?) —"

Möge der geehrte Leser selbst sich ein Urtheil über die quäst. Recension bilden und es sich klar machen: wo? und ob? so wie in wie weit? in der nicht selten geradezu schonungslosen Kritik, das französische Element über-, das deutsche dagegen unterschätzt worden sei oder nicht? und wie man französischerseits über uns, unsere militairische Organisation, über unsere Tüchtigkeit und unsere Zustände denkt?

Wenn es auch feststeht, daß in neuester Zeit hier und da in der französischen Armee, in specie aber von den gebildeteren und höheren Officieren derselben so ungünstige Urtheile über die deutschen Armeen, in specie über die Preußische nicht getheilt werden, vielmehr Manche sogar mit Achtung von letzterer sprechen, so ist dies wahrlich nicht die Ansicht der Massen; möge das alte „Timeo Danaos et dona ferentes!" nicht in Vergessenheit gerathen. Caveant consules!

Jedenfalls dürfte die quäst. französische Kritik oder Recension wohl zu prüfen und zu beachten, den hier folgenden Blättern aber ein möglichst ausgebreiteter Kreis von Lesern zu wünschen sein und zwar nicht blos im Kreise der Officiere, sondern auch der Unterofficiere und Soldaten aller deutschen Armeen*).

Berlin, im December 1861.

---

*) Die vollständigen Titel zweier Werke, auf welche an verschiedenen Stellen in den resp. Bemerkungen zu den hier in der Uebersetzung folgenden „Betrachtungen und Bemerkungen über „Eine militairische Denkschrift" Bezug genommen wird, sind:

1) Grundzüge der Taktik der drei Waffen, Infanterie, Kavallerie und Artillerie, ꝛc.; von dem General der Infanterie Dr. H. v. Brandt. Dritte, ganz umgearbeitete Auflage. — Berlin, 1859; und

2) Betrachtung über die Taktik der Infanterie; vom General Renard, Adjutant Sr. M. des Königs der Belgier, Chef des Königlich Belgischen Generalstabes. Uebersetzt von einem deutschen Officier. Brüssel und Leipzig, 1858.

(NB. Der Titel des Originals ist: Considération sur la tactique de l'infanterie en Europe, par le général Renard. Paris, 1857.)

und wird — der Kürze wegen — in den respectiven Anführungen das erstere Werk nur durch: „v. Brandt: Grundzüge der Taktik ꝛc."; das letztere durch: „Renard: Betrachtungen über die Taktik"; die in Rede stehende „militairische Denkschrift" aber durch: „E. m. Denkschrift" bezeichnet werden.

Druckfehler.

S. 8, Z. 13 v. oben lies noch statt nur.
S. 8, Z. 1 v. unten -   gar   - ar.
S. 25, Z. 1 v. unten - Körper statt Theile.
S. 46*), Z. 4 v. oben lies überlegenem st. überlegenen.
S. 59, Z. 11 v. unten   -   des st. der.

Der geehrte Leser wird ersucht, vor Lesung der nachfolgenden Blätter verstehende Druckfehler gefälligst berichtigen zu wollen.

Uebersetzung

der

„Betrachtungen und Bemerkungen über „Eine militairische Denkschrift von P. F. C." Aus dem Deutschen übersetzt."

(Considérations et observations sur le mémoire militaire. [Eine militairische Denkschrift.] Traduit de l'Allemand) *).

Nicht ohne Erstaunen liest man, daß der erlauchte Verfasser der Denkschrift es für nöthig erachtet hat zu bemerken, daß die Franzosen nicht in der Art wie die Horden Attila's kämpfen! Demzufolge giebt es also Preußische Officiere, welche wirklich glauben, daß die Schlacht-Ordnung der Franzosen die der Hunnen sei? Was uns aber noch mehr überrascht, ist, daß der Verfasser der Denkschrift selbst dieser Ansicht ist**), denn er sagt, indem er von der Abneigung der Franzosen gegen nächtliche Angriffe spricht: „Sie vermeiden dieselben, weil sie fürchten, daß ihre gewöhnliche Unordnung sich zur Nachtzeit in völlige Auflösung verwandele" ***). — Man würde es nus viel-

---

*) Siehe: „Spectateur militaire." 2 Série. 33 tome. 116, 117, 118 Livraison (Février, Mars, Avril 1861).

**) Siehe: „Eine militairische Denkschrift von P. F. C." Frankfurt a. M. 1860. S. 9.

***) S. „E. m. Denkschrift ꝛc." S. 22.

leicht sehr übel nehmen, wenn wir den erlauchten Verfasser auf das Reglement unsrer Infanterie (Compagnie- und Bataillons-Schule), auf die Schieß-Instruction, auf das Exercir-Reglement der Jäger-Bataillone, auf die abändernde Bestimmung des Kriegs-Ministers vom 7. April 1852, verweisen wollten.

Der Verfasser der Denkschrift sagt ausdrücklich: unser erster taktischer Grundsatz sei: „daß das Reglement, die Schützen-Instruction, der Exercirplatz, von dem Augenblick an, wo die Armee in das Feld rücke, nicht mehr bindend seien"*).

Diese Behauptung ermangelt jedoch aller Genauigkeit: denn es würde daraus folgen, daß, wenn sie wahr wäre, die französischen Officiere, im Augenblick des Gefechtes, taktische Formen erst erfänden, von denen weder sie noch ihre Soldaten vorher eine Idee gehabt hätten.

Dies heißt auf der einen Seite beiden Theilen zu viel Ehre erzeigen, auf der andern aber, sie unter die barbarischen Abenteuerer des alten Germaniens herunterziehen oder sie zu Kriegs-Empirikern machen, die nur nach Eingebungen des Augenblicks handeln.

Wenn die Preußen unsere taktischen Formen so fehlerhaft finden, daß sie dieselben einer völligen Unordnung der Glieder gleichstellen, so scheint dies der Gegensatz der Ordnung sein zu sollen, durch welche sich die Preußischen Reihen auszeichnen. Wir haben seit den Kriegen des Kaiserreichs nicht die Ehre gehabt, uns mit ihnen zu messen; wüßten aber auch nicht daß sie, seit jener Zeit, in Hinsicht der taktischen Formen wesentliche Neuerungen gemacht hätten. Jedenfalls scheinen dieselben in Preußen nicht wesentlich von denen der Russen und Oestreicher abzuweichen, welche wir im Krimm-Kriege und in Italien geprüft haben. Wenn wir aber diese beiden gegebenen Größen, als die einzigen, welche uns zu Gebote stehen, näher

---

*) S. „E. m. Denkschrift ꝛc." S. 10.

betrachten, so müssen wir, der Analogie wegen, gestehen, daß ihre Reihen in der That, im höchsten Grade gedrängt und eingezwängt sind. Demnach begreift man dort also nicht, daß geöffnete Glieder geschlossene niederwerfen könnten; daß die organisirte Unordnung über die organisirte Ordnung den Sieg davon tragen könnte *). Nicht mehr die Einheit, sondern die Trennung würde die Stärke sein?

Auf dem Champ de Mars halten wir uns aber an strenge taktische Formen und wenden, so weit es geht, vor dem Feinde auch alle Formen an, welche wir im Frieden mühsam erlernt haben; dafür leisten unsere Exercir-Reglements der Infanterie und der Jäger-Bataillone (écoles de peloton und de bataillon, d. h. die Linien-Evolutionen) und die beiden neuesten Kriege völlig Gewähr **). Demzufolge ist es, um nur vom Kriege in Italien zu sprechen, unseren Truppen auch nur ein einziges

---

*) Recensent beweist hier, daß die Preußische Armee, sowie deren Reglements und Taktik ihm ebenso wenig, als der Unterschied der letzteren mit der bei den Oestreichern und Russen üblichen, bekannt sind.

**) Die Formen des Exercir-Reglements werden von den Franzosen auf den Exercirplätzen allerdings mit einem gewissen Ernst, langsam und schwerfällig eingeübt. Ungeachtet der pedantischen Strenge, mit welcher diese Formen eingeübt werden, geschieht dies im Allgemeinen doch auch zugleich oberflächlich und überdies noch — sehr mangelhaft, nachlässig in Hinsicht der Haltung der Truppen, und wird — da man auf letztere gar keinen Werth zu legen scheint — das Reglement geradezu lodderig ausgeführt.

Auf Stillstehen im Gliede, auf scharfe Richtung, Arm an Arm geschlossen stehen und marschiren, selbst auf gleichen Tritt, wird nicht gehalten. Es genügt, wenn die Leute da sind und nur zusammen ankommen.

Nicht Folge des Reglements aber ist es, sondern der allgemein verbreiteten Geringschätzung der Form, daß die Infanterie auch ohne feste innere Haltung — meist sehr locker — exercirt.

Diese großen Mängel haben allerdings weniger Nachtheile, so lange die Truppe im Vorgehen bleibt. Auf die Ordnung, den Appell und namentlich die Gefechts-Disciplin üben dieselben aber den entscheidendsten Einfluß und ziehen ganz besonders die nachtheiligsten Folgen beim Zurückgehen im Gefecht nach sich; weshalb denn auch schon so oft den Franzosen ein gewaltsam aufgedrungenes Zurückgehen so leicht gefährlich wurde und ihnen — bei dem lodderigen Wesen und der wackeligen Haltung überhaupt — gut geschulten, soliden Truppen gegenüber — auch jederzeit höchst gefährlich sein wird.

mal begegnet, ohne in der vorgeschriebenen Ordre de bataille, gegen den Feind vorgegangen zu sein. Am Naviglio stürzten sich drei Bataillone der 1sten Garbe-Division, — durch ihre Erfolge und durch ihre Begeisterung fortgerissen — aus eigenem Antriebe, in der Richtung auf Magenta, vor, wurden aber auch mit entsetzlichen Verlusten zurückgeworfen. Diese regellose Offensive darf jedoch nicht den Führern zur Last gelegt werden, und dürfte diese Angriffsweise selbst in den Augen des Prinzen Friedrich Carl von Preußen nicht als ein Corollarium der taktischen Grundsätze, die wir befolgen, zu betrachten sein. Die Marschformation in Gegenwart des Feindes war, vom Beginn des Krieges an, vom Kaiser vorgeschrieben worden und sind daher, diesem Befehl gemäß, Franzosen und Sardinier während der ganzen Campagne stets in halbgeöffneter Colonne vorgegangen. So verlangte es das coupirte Terrain in Italien und zwar bot diese Formation den Vortheil, sich ganz besonders zur schnellern Formation des Carré zu eignen. Ohne dieselbe würde es dem General Forey bei Montebello schlecht ergangen sein, wenn er die Offensive ergriffen hätte mit Bataillonen, die erst nach und nach, und mit geöffneten Gliedern oder in Tirailleurschwärmen anlangten. Der General Mac Mahon verdankte am 4. Juni die dreifachen Erfolge bei Buffalora, Casa Nuova und in der Centralstellung vor Magenta nur der concentrirtesten Ordre de bataille, deren wir uns bedienen, d. i. in geschlossenen Bataillons mit Intervallen zum Deployiren. Diese Formation finden wir ebenfalls in allen Operationen, im Centrum und auf dem rechten Flügel der Franzosen bei Solferino.

Es ist daher nicht richtig zu behaupten: „daß die Taktik der Franzosen einfach darin bestehe: „daß der Soldat stets nur vorwärts gehe" (que le soldat français marche toujours en avant)*). Die Formation, in welcher das Vorrücken geschieht,

---

*) S. „C. m. Denkschrift ꝛc." S. 10.

ist stets eine derjenigen, welche auf den Exercirplätzen zur Genüge und seit lange schon gelehrt und geübt worden sind. Diese Formationen sind vielfältig, mannigfaltig und abgestuft. Auf dem Schlachtfelde giebt man selbstredend stets denen den Vorzug, welche für das Terrain, auf welchem man sicht, für den Zweck, welchen man anstrebt, gegen den Feind, mit dem man zu thun hat, mit einem Wort, für alle Verhältnisse von Ort, Zeit und Personen, die geeignetesten sind.

Was uns daher befremdet, ist: daß der Prinz ganz besonders hervorheben zu müssen glaubt, daß uns eine bestimmte taktische Form, die für alle Fälle Gesetz sei, durchaus fehle. Hieraus müssen wir folgern, daß man in der Preußischen Armee für die Offensive sowohl, als für die Defensive nur eine einzige Gefechtsformation anwende, und müßte man hiernach annehmen, daß diese Formation ungeachtet der Verschiedenheiten des Terrains, des Zweckes, des Gegenstandes, der resp. Streitkräfte, des Karakters des Gegners ec. stets eine und dieselbe sei *).

Wir hingegen erkennen ebenso wenig eine Gefechtsformation als für alle Fälle passend an, als wir nicht für alle Krank-

---

*) Wie unrichtig Recensent den Sinn nicht nur, sondern auch sogar die Worte der mil. Denkschrift — ob ohne oder mit Absicht, läßt sich nicht erkennen — interpretirt, ergiebt sich deutlich, wenn man mit obigem Satze die bezügliche Stelle der Denkschrift vergleicht, in welcher (S. 10. 11) wörtlich zu lesen ist: „Die Form, „in welcher dies (scil. das Vorgehen) geschieht, ist den Franzosen gleichgültig. Sie „findet sich nur zu verschieden nach dem Zweck, nach dem Terrain, den Maaßregeln „und besonders den Fehlern des Feindes" — also wörtlich das, was Recensent als Regel bezeichnet! und was, als solche, in jeder verständig geführten Armee gilt, wie dies der Belgische General Renard auch in seinem vortrefflichen Werk: Renard, „Betrachtungen über die Taktik", dahin ausspricht: „Es besteht keine absolute Schlachtordnung; das Terrain und die Umstände „entscheiden stets über die, für das Gefecht zu nehmenden Aufstellungen und Maaß„regeln." und was der General v. Brandt in seinem ausgezeichneten Werk (Grundzüge der Taktik ec.) mit den Worten bezeichnet: „Im Kriege giebt „es nun einmal nichts Positives. Wer den Augenblick erfaßt, der ist der rechte „Mann." Dann wie der Prince de Ligne sagte: „Im Kriege kann man „nichts voraussehen, und die gesunde Vernunft bleibt das beste zu befolgende Re-

heiten nur ein Mittel, für alle Köpfe nur ein Kepi passend erachten.

Um aber diejenigen, welche von unserer Taktik eine so durchaus falsche Ansicht, wie der Prinz, haben sollten, zu belehren, halten wir es für nothwendig, alle diejenigen Formationen, in denen unsere Soldaten im Italiänischen Kriege gefochten haben, summarisch anzuführen.

Anmerkung. Im Texte folgen hier nun die quäst. Gefechts-Formationen, welche von den Franzosen 1859 in Italien angewendet worden sind, welche aber in der Hauptsache in allen Gefechten dieselben waren, nämlich: Die Bataillone waren in Colonne mit Divisionsfront (d. i. zwei Compagnien oder Züge (péloton) neben einander auf halbe Distance aufgeschlossen, die Front durch starke Tirailleur-Schwärme (von 1—2—4 Compagnien) gedeckt, die Brigade in einem Treffen, die Bataillons mit ganzer Distance zum Deployiren aus einander gezogen. 300 Schritt hinter der Ersten Brigade stand die Zweite Brigade der Division, in gleicher Formation — als zweites Treffen — in der Regel als échelon hinter einem der Flügel der Ersten Brigade, diese bebordirend; die Bataillone — ebenfalls Tirailleurs vor der Front — aber nur auf halbe Distance zum Deployiren auseinander gezogen.

Die Details, welche Recensent über die resp. Formationen für jedes Gefecht in Italien mittheilt, sind in Bazancourt: Campagne d'Italie en 1859, noch ausführlicher und übersichtlicher aber in der Schrift: „Die französische Armee auf dem Exercirplatz und im Felde ꝛc." angegeben und daher, in der Voraussetzung, daß jene beiden Werke dem militairischen Leser genugsam bekannt sein dürften, hier nicht wiederholt worden.

„élement", weshalb denn auch Turenne seine Instruction mit der Mahnung schloß: „Outre-ça, Messieurs, je vous recommande le bon sens!" Jede gut organisirte Armee hat aber doch dessen ungeachtet stets eine Normalstellung, daher auch die französische (Siehe: Die franz. Armee auf dem Exercirplatz und im Felde ꝛc. S. 169), von welcher sie jedoch — den Umständen gemäß — auch abweicht. Wenn aber Recensent mit den Reglements und dem Wesen der Preußischen Armee bekannt gewesen wäre, so würde er wohl obige bedauerliche Aeußerung nicht gemacht haben.

Aus der einfachen Darlegung der Thatsachen ergiebt sich nun wohl klar genug: daß die Franzosen, sowohl für die Marsch- als für die Gefechts-Ordnung und für den Angriff, in Italien nur bestimmt ausgesprochene und symmetrisch geordnete Formationen angewendet haben. Mag man dieselben mehr oder weniger haltbar oder mannigfaltig finden, so sind sie doch unveränderlich, durch geometrische Figuren bezeichnet, welche nur das Resultat einer mühsamen Lehrzeit sind.

Was der Prinz von Napoleon I. sagt, ist vollkommen richtig. Der Kaiser bediente sich aller möglichen Arten von Taktik und fügen wir noch hinzu, daß er oft Schläge einer überlegenen Taktik da austheilte, wo seine Feinde nur Feuer sahen und seine glücklichsten Formationen nur für tolle Einfälle seines ausschweifenden Geistes hielten. Die Geschichte seiner Feldzüge wimmelt von derartigen Zügen.

Sehr irrig ist es daher auch zu sagen, daß von einer sogenannten Napoleonischen Taktik nicht die Rede sein könne. Die Napoleonische Taktik ist etwa die Gesammtheit der verschiedenen Arten und Abwechselungen, welche der Kaiser nach einem so ausgedehnten Maaßstabe anwendete, die wir, seine stolzen Nachfolger, geerbt und noch etwas weiter zu entwickeln vermocht haben.

Es giebt demnach eine ächt französische, immerhin Napoleonische Taktik, die aber für alle Verhältnisse, für alle Gradationen empfänglich ist, von der dritten Potenz bis Null inclusive; auf Null und selbst darunter nimmt sie sogar zuweilen den Karakter einer erhabenen Taktik an, denn da, wo der Feind, wie in Italien, durch strategische Kunststücke besiegt werden kann, besteht die wahre Taktik in dem Nichtvorhandensein gelehrter Taktik*). — (?) —

---

*) Recensent befindet sich hier in einem großen Irrthum, und mögen als Beweis dafür folgende Stellen aus „Renard's Betrachtungen über die Taktik 2c." genügen:

Der Preußische Prinz behauptet ferner, daß die Franzosen auf den Schlachtfeldern des nördlichen Europa nicht in der nämlichen Weise, wie in Italien, fechten würden *). Wir bedauern, daß der Prinz es nicht für nöthig erachtet hat, die Gründe mitzutheilen, welche ihn zu der Annahme veranlaßt haben: daß die Franzosen gegen die Preußen nicht dieselbe Gefechtsformation, wie gegen die Oestreicher und Russen anwenden dürften, und würden wir uns an einer Darlegung der Methode, welche die Franzosen in einem Kriege gegen die Preußen anwenden werden, sehr erbaut haben **). Wir haben bereits ausgesprochen, daß die Kampfweise der Preußen augenscheinlich mit der der Russen und Oestreicher übereinstimmt, nur dürften, wie es uns scheint, die Preußen die Letzteren nur durch eine schärfer ausgesprochene Offensive übertreffen ***).

„Napoleon verstand von den Details der Taktik nur wenig, indem er, wie Marschall Marmont — (der wohl als Gewährsmann dafür gelten dürfte) — sagt: „daß er, vom Artillerie-Lieutenant schnell zum General en chef befördert, die Taktik niemals gründlich kennen lernte, in Folge dessen aber auch oft ihre Hülfsmittel verschmähte." Er suchte die gelehrten Manöver zu vermeiden, und strebte vor Allem dahin, seinen Feind zu vernichten; dann manövrirte er nach Belieben in Gegenwart einer geschlagenen Armee. Mit einer unnachahmlichen Kunst disponirte er über seine Corps dergestalt, daß er sie, in der kürzesten Frist, auf irgend einem Punkte des Kriegstheaters vereinigen konnte; dann benutzte er sein Génie und die List, um den Feind zur Entschleierung seiner Projecte zu veranlassen. Gelang ihm dies, so stürzte er auf seinen Gegner, wie der Adler auf seine Beute. Seine sichersten Schläge waren Gegenstöße."

„Wenn Napoleon sagte: „daß man alle zehn Jahre seine Taktik ändern müsse, um auf dem Schlachtfelde die Ueberlegenheit zu behaupten", so änderte er dieselbe noch weit öfter, indem er alle Arten derselben stets nach dem Terrain und den Umständen änderte."

„Eine Napoleonische Taktik giebt es daher nicht."

*) S. „S. m. Denkschrift" S. 11.

**) Da vor Allem das Terrain des Kriegsschauplatzes die in demselben anzuwendenden taktischen Formen bestimmt, so bedarf es wohl bei keinem verständigen Militair erst noch eines besonderen Beweises, daß man in den freien Ebenen Deutschlands eine andere Taktik zu befolgen habe, als in dem coupirten Terrain der lombardischen Ebenen, und dürften die Franzosen schwerlich eine Ausnahme von dieser allgemein geltenden Regel versuchen.

***) Recensent kennt also die Taktik oder Kampfweise der Preußischen Armee gar nicht, obgleich er mit aller Entschiedenheit dieselbe be- und verurtheilt,

Man würde daher gegen sie vorzugsweise die solideste, geschlossenste und zu entscheidenden Schlägen geeigneteste Gefechtsformation und zwar die in geschlossener Bataillons-Colonne mit Intervallen zum Deployiren, anzuwenden haben. Wir kennen wenigstens keine, die sich mehr zum Angriff, so wie zum Uebergang von der Offensive zur Defensive eignete *).

Der zweite Grundsatz, welchen der Prinz als den, den französischen Generalen und Soldaten vertrautesten bezeichnet,

---

und kann demselben daher nur empfohlen werden: die resp. Berichte seiner Landsleute — französischer Generale und Officiere — nachzulesen, welche zu verschiedenen Malen und Zeiten den Uebungen der Preußischen Armee beigewohnt und deren richtigen Gebrauch von Colonne und Tirailleure schätzen gelernt haben, welche das Preußische Reglement von 1812 schon vorschreibt.

*) Siehe Renard: „Betrachtungen über die Taktik" ꝛc. S. 19.

„In Frankreich scheint die militairische gloire die Taktiker blind zu machen. Man sagt dort: „Wir haben mit unserer gegenwärtigen Organisation alle Völker Europa's besiegt und wir werden sie auch ferner schlagen. Wenn die Armeen Deutschlands mit mehr Pünktlichkeit und Regelmäßigkeit eingeübt sind, so haben wir die Tradition für uns." Auf diese Weise täuscht man sich mit Phrasen und vergißt die eclatantesten Thatsachen der Geschichte der Armeen."

„Die Tradition dient oftmals der Sorglosigkeit zur Entschuldigung und hat häufiger den Armeen den Untergang bereitet, als sie zu neuen Siegen geführt. Trotz der Traditionen der Siege von Rocroi und Cassel wurden die französischen Armeen von Friedrich II. auseinander gesprengt. Die Preußischen Truppen von 1806 hatten ihrerseits gewissenhaft die Traditionen des siebenjährigen Krieges bewahrt; nichtsdestoweniger und trotz ihrer Kampflust und ihres unbestreitbaren Muthes fanden sie ihr Roßbach auf den Gefilden von Jena."

„Der verstorbene General v. Deder aber sagte: „Die Preußen — es gereicht ihnen zur Ehre und die Geschichte darf es laut verkünden — vergaßen nach dem Frieden von Tilsit ihre alte Arroganz und zogen Vortheil aus den bitteren Proben eines unglücklichen Krieges und aus den harten Lehren eines stolzen Feindes. Aber indem sie die Franzosen als ihre Meister anerkannten, vergrößerte sich ihr brennender Haß gegen sie; sie beeilten sich ihre Taktik anzunehmen in der Hoffnung, mittelst ihrer die Feinde vom Boden des Vaterlandes zu verjagen." — und ihre Hoffnung ward nicht getäuscht!" —

Das Preußische Reglement von 1812 und noch mehr das von 1847 enthält daher nicht nur alles, was die Französischen Reglements an taktischen Formen Gutes und Zweckmäßiges besitzen, sondern noch weit mehr und Besseres, als das, was die Franzosen als ihre neuesten Erfindungen preisen. Die Preußische Armee hat daher keineswegs die neueste Taktik der Franzosen — die übrigens theilweise schon vor nahe hundert Jahren von ihnen gerade so wie heute angewendet worden ist — erst jetzt noch anzunehmen, was zu thun die milit. Denkschrift daher auch

ist der: der Ueberlegenheit der moralischen Kraft über die physische *).

Wir erkennen es völlig an, daß hierin und nirgends anderswo, die ganze Erziehung und Ausbildung des französischen Soldaten liegt. Weiterhin werden wir beweisen, daß die Ausbildung des Preußischen Soldaten sehr unvollkommen sein würde, wenn sie sich nur auf dasjenige beschränkte, was genügt, um einen tüchtigen französischen Soldaten herzustellen.

Der französische Soldat, der seiner Fahne Treue geschworen hat, sieht, mit Ausnahme des Grabes, in allen seinen Officieren, seinen Vorgesetzten, vom Unter-Lieutenant bis zum Marschall, nur seines Gleichen; er hat die klare und sichere Ueberzeugung, daß er denselben nur in Hinsicht des Kommando's und der, aus demselben selbstredend folgenden, Vorrechte, nachsteht. Weder Erziehung, noch Bildung, noch Geburt machen einen wesentlichen Unterschied zwischen ihnen. Das Gefühl der Gleichheit zwischen Soldaten und Vorgesetzten ist so lebendig und so lebhaft in der Seele beider eingewurzelt, daß der Begriff oder vielmehr das Gefühl des Ich unter der absoluten Herrschaft der Vorschrift, des Gesetzes, der Disciplin verschwindet, ja völlig erlischt. Welchen Feinden könnten solche Soldaten wohl nachstehen? welche menschliche Kraft vermöchte wohl Soldaten zu widerstehen, die ihren Vorgesetzten gleich stehen, die alle Helden sind **)? — (?) —

---

mit keinem Wort anempfiehlt. Außerdem dürfte aber die, mit gezogenen Zündnadel-Gewehren bewaffnete und mit denselben vortrefflich eingeschossene Preußische Infanterie, in Hinsicht der Feuerwirkung, der französischen Infanterie inclusive ihrer anerkannt vortrefflichen Jäger (Chasseurs à pied) und Zuaven, wohl bedeutend überlegen sein, jedenfalls das Feuer- resp. das Tirailleur-Gefecht mit denselben in keiner Weise zu scheuen haben.

*) S. „C. m. Denkschrift" S. 11.

**) So erhebend obige Schilderungen auch sein mögen, so gilt hier doch vor Allem das Sprichwort: „Es ist nicht Alles Gold, was glänzt." Um aber zu erfahren ce que l'aune en vaut? darf man den Herrn Recensenten, so wie den resp. Leser nur auf das, erst im vorigen Jahre erschienene Werk: „Causes de

Wir verwahren uns hier ausdrücklich gegen jeden Vorwurf der Schmeichelei in Betreff unserer Officiere. Alle Ausländer, unsere Gegner mit inbegriffen, gestehen es zu, daß unsere Soldaten einen nirgend anderswo gekannten, élan besitzen. Diesen aber theilen ihnen, nach dem Zugeständniß des Prinzen sogar, unsere Officiere mit, so daß wir durchaus unpartheiisch in Betreff unserer Officiere sind.

Der junge französische Bauer kommt, bei seinem Eintritt in das Regiment, in den Augen seiner Vorgesetzten, eben nicht

---

l'affaiblissement de l'infanterie par Victor Lefaivre, Chef de bataillon d'infanterie. Paris 1860", verweisen, welches mit obigen prunkhaften Schilderungen eben nicht durchaus übereinstimmt und le revers de la medaille sehr freimüthig aufdeckt, wie z. B. S. 26, wo — (NB. hier gewissenhaft in das Deutsche übersetzt) — wörtlich gesagt ist: „Höchst verderblich und hemmend für die Entwickelung der Fähigkeiten des Infanterie-Officiers und denselben in seinen eigenen Augen erniedrigend, ist die Entfernung, in welcher ihn manche Stabsofficiere von sich halten, so wie die Rohheit, mit welcher sie ihn, wenn er gefehlt hat, in Gegenwart seiner Untergebenen heruntereißen; und fragt man sich daher: ob es zur Aufrechthaltung der Disciplin und Subordination durchaus nothwendig sei, „die Officiere anzuschnauzen?" von denen manche die verletzenden Verweise sehr lebhaft empfinden, die ihnen gemacht werden und die sie gegen ihre Vorgesetzten erbittern"; ferner

Seite 27: „In der Infanterie darf sich der Subaltern-Officier gegen seinen Vorgesetzten nicht die geringste Bemerkung erlauben, ohne daß dieselbe nicht für Insubordination erklärt wird 2c. und scheint es, als ob die Stabsofficiere es sich angelegen sein ließen, ihre Superiorität fühlen zu lassen."

Seite 28: „Aus dieser Rohheit der Stabsofficiere gegen ihre Untergebenen entstehen aber Erbitterungen bis zum Haß, die zur Insubordination führen, und die hierauf folgenden Strafen erweitern das schlechte Verhältniß nur noch mehr" 2c. — Demnächst muß hierbei bemerkt werden, daß wohl in wenigen Europäischen Armeen die verschiedenen Klassen der Officiere nach den Gradabstufungen so geschieden da stehen als in der französischen, wo grundsätzlich die Klassen der Lieutenants, der Hauptleute, der Stabsofficiere und der Generale, eine jede für sich streng geschieden, in besonderen Pensions ihre Mahlzeiten einnehmen, „um die Achtung und den Gehorsam der Untergebenen gegen die Vorgesetzten nicht zu gefährden! und um zu verhindern, daß Letztere bei den Freuden der Tafel! nichts ausplaudern, was dem Untergebenen vorenthalten bleiben soll!" —

In Bezug auf das Verhältniß der Unterofficiere und Soldaten zu ihren Officieren, ist es aber charakteristisch, daß, wenn es zum Angriff geht, Erstere die Letzteren mit dem lauten Rufe: „En avant les épaulettes!" zum Vorangehen nöthigen.

aus einer, ihnen nachstehenden Schicht der Gesellschaft; Letztere aber sind nicht, wie anderwärts, in der Lage, sich hinter eine unübersteigbare Mauer zu verschanzen, die mit Diplomen, Adelsbriefen und allen Arten conventioneller, nach ihrem Belieben aufgethürmter, veto's bespickt ist. Abgesehen von der hierarchischen Rangordnung und dem Kommandostabe, wird der französische Soldat, ebenso gut als seine Vorgesetzten, Herzog und Pair.

Auch sieht man nicht selten Söhne von Grafen, Herzögen, Fürsten, aus freien Stücken, freiwillig als gemeine Soldaten in die Infanterie und Cavallerie treten. Wohl aber giebt es noch einen Europäischen Staat, wo die starke Wand der Alpen zwischen dem Soldaten und dem Officier vorhanden ist *).

Wie frei und ungezwungen ist dagegen das Benehmen unserer Unterofficiere und Soldaten, die, ebenso wie die Officiere, nur den hierarchischen Rang über sich fühlen.

Es darf daher auch Niemand verwundern, daß Manöver bei uns nicht beliebt sind, bei denen kleine Bataillone starken das Feld räumen. Mit Recht oder Unrecht glauben wir unsere Feinde in folgenden vier verschiedenen Fällen besiegen zu müssen:

1) wenn wir ihnen an Zahl überlegen sind, — was niemand tadeln wird;

---

*) Die so viel gepriesene égalité in der französischen Armee dürfte der, in der Preußischen Armee wohl nicht zu vergleichen sein, da in der Letzteren jeder dienstfähige junge Mann dient und niemand sich von der Ehre, „sein Vaterland zu vertheidigen", wie in Frankreich, loskaufen kann, weshalb aber auch — außer durch die freiwillig in die Armee eintretenden jungen Leute der höheren Stände — zu allen Zeiten alle Stände in den Reihen der Armee vertreten sind, und hier der junge Edelmann, der Graf, der reiche Banquiersohn ec. neben dem Sohne des Handwerkers und des Tagelöhners in bester Harmonie in Reih' und Glied stehen, ohne daß ein Unterschied der Stände sich hier geltend machen darf. In dem Preußischen Staate dürfte daher der Herr Recensent jene quäst. Wand wahrlich nicht zu suchen haben, wenn er sich nicht selbst ein testimonium ignorantiae ausstellen will.

2) wenn wir ihnen an Zahl gleich sind, — was man uns auch noch zugeben wird;
3) wenn sie doppelt,
4) wenn sie dreimal so stark sind als wir.

Wir gestehen jedoch zu, daß sie, viermal so stark als wir, uns viel zu schaffen machen und daß wir in diesem Falle zuweilen unterliegen würden.

Bei diesen, gut oder schlecht begründeten, aber wahren Ansprüchen, haben wir eine Vorliebe für die nachgemachten Manöver und Kämpfe oder Gefechte, für die Nachahmungen von wirklichen Kriegs-Aktionen, welche wir früher gegen das Ausland bestanden und in denen wir den Sieg davon getragen haben.

In Ermangelung von Uebungen, bei denen die individuelle Thätigkeit mehr ins Spiel kommt, als bei unseren gewohnten Uebungen, bietet uns das Feld-Manöver — la petite guerre — das einfachste Mittel, Kämpfe figürlich darzustellen, welche, durch die Erinnerung an unsere Siege, alle Mit-Agirenden mit einem Feuer beseelen, welches dem der Theilhaber an wirklichen Siegen gleich kommt, so daß wir stets nur mit Feinden zu thun haben*).

Wir wissen nicht, ob diese Kriegsübungen in Preußen so oft gemacht werden, als bei uns; dies würde aber selbstredend von der Anzahl der Gefechte abhängen, in denen die Preußen,

---

*) Zum richtigen Verständniß der vorstehenden Aeußerungen über „Manöver", muß man wissen, daß die Franzosen in dieser Beziehung ganz andere Begriffe und andere Benennungen, so wie auch andere Einrichtungen als die in der Preußischen Armee üblichen, haben.

Das gewöhnliche Schul-Exercitium, das Ueben der Ecole du soldat, und der Ecole de peloton nennen sie „faire l'école", — die Bataillons-Exercitien, das Evolutioniren dagegen nennen sie schon „manoeuvrer", beide Arten von Uebungen aber „faire la théorie".

Gefechtsübungen mit größeren Truppen-Abtheilungen, namentlich von gemischten Waffen, wie sie in Preußen gemacht und „Feld-Manöver" genannt werden, kommen in Frankreich, namentlich mit zwei Abtheilungen gegen einander, nur höchst

auf dem Schlachtfelde, an Zahl oder durch ihre Stellung überlegene Feinde besiegt haben. Jedenfalls erregen diese Nachahmungen des Krieges die Theilnahme unserer Officiere und selbst unserer Soldaten im höchsten Grade.

Der Preußische Prinz bezeichnet unsere Truppen-Uebungen aber auch noch als „beschränkt und einseitig"*).

Hier müssen wir aber durchaus zweierlei Arten von Uebungen unterscheiden: die gewöhnlichen Uebungen, — (das Exer-

---

ciren, seit 1859 jedoch öfterer vor, und werden diese „faire la petite guerre" genannt.

Die eigentlichen Uebungen mit größeren Truppenmassen, namentlich von gemischten Waffen bestehen hier nur in der vorgeschriebenen Ausführung einfacher taktischer Formen auf dem Exercirplatze oder in ebenem Terrain, find stets nur von kurzer Dauer und beschränken sich auf: „Entwickelung langer Linien aus Colonnen, Avanciren, Zurückgehen, Front-Veränderungen, Formation von Colonnen, Defilee-Uebergänge ꝛc." — alles im Gefechtsverhältniß nach einer untergelegten einfachen Special-Idee und Disposition, jedoch ohne Gegner, der sehr selten und erst seit 1860 öfter nur markirt wird.

In der Regel werden diese militairische Ballets, — welche für die Truppe nur den — allerdings wesentlichen — Nutzen haben: in regelrechten Formen in der Masse mit Ruhe, Ordnung und in Gehorsam bewegt zu werden, so wie sie für die Führer die Gelegenheit bieten, größere Truppenmassen in gewissen vorgeschriebenen Bewegungen auf dem Terrain führen zu lernen — und zwar unter dem Namen irgend einer siegreich gewonnenen Schlacht, wie z. B. la bataille d'Austerlitz, de Wagram, de Jena, d'Isly etc. angekündigt! — doch darf man nicht etwa die möglichst ähnliche Aufführung der quästionirten Schlachten erwarten, da höchstens nur eine, speciell in der bezüglichen Schlacht hervorgetretene, Bewegung nachgemacht wird, im Allgemeinen aber das Original aus der Copie selten zu errathen ist. Diese sehr beliebte Art größerer Uebungen nennt man bald „manoeuvrer", bald „faire la petite guerre".

Durch den prunkhaften Namen dieser simulacres de batailles glorieuses soll hauptsächlich die Phantasie und Eitelkeit der Truppe animirt werden und wird dies auch, so daß dieser Zweck vollkommen erreicht wird. Zur Erzielung von Gefechts-Disciplin find diese Arten von Uebung gewiß nützlich, Truppen und Generale bilden sie aber nicht.

*) Ohne jene anmaßende Frage weiter zu beachten, darf hier wohl kaum noch bemerkt werden, daß derartige militairische Comödien, welche der Eitelkeit und Ruhmsucht der Franzosen genügen mögen, dem Karakter des Deutschen in specie des Preußischen Soldaten aber sicher nicht entsprechen dürften, da Letzterer, die Thaten seiner Väter ehrend, es wohl vorziehen dürfte, selbst deren zu vollführen, als die der Väter in unverständlichen Figuren nachahmen zu wollen; daß aber neben der, in der Preußischen Armee üblichen, gut geleitet auch gewiß höchst nütz-

ciren) — welche den Reglements und officiellen (ministeriellen) Bestimmungen gemäß ausgeführt werden, und die außergewöhnlichen Uebungen, welche in unseren Uebungs-Lägern wie bei Satory, Châlons sur Marne, Luneville, Helfaut ꝛc. gemacht werden. Die ersteren werden mit einer Strenge, einer Schärfe, einer Gewandtheit, einem Ineinandergreifen, vor Allem aber mit einer Schnelligkeit ausgeführt, von der der Prinz selbst Augenzeuge war, und die er ohne Rückhalt bewundert hat.

Die Kritik des Prinzen kann sich daher nicht auf unsere gewöhnlichen Peloton- und Bataillons-Exercitien, noch auf unsere Linien-Evolutionen beziehen, sondern augenscheinlich wurden, seiner Ansicht nach, nur bei unseren ausgedehnteren Uebungen im Champ de Mars und in unseren Uebungs-Lägern, die auffallendsten Fehlgriffe gemacht.

Der Prinz hat uns auch in unseren Uebungs-Lägern manövriren sehen, und da er ein ausgezeichneter Sachkenner ist, so wollen wir auch nicht gegen sein Urtheil auftreten, sondern verdammen sogar alle Schnitzer, welche in Betreff der großen Taktik, unter seinen Augen gemacht worden sein mögen.

Wir müssen jedoch unsere Idee über die Uebungen in den Lägern aussprechen und werden gleichzeitig versuchen, diese Idee zu rechtfertigen. Die Uebungen in den Lägern haben bei uns, wie in Preußen, denselben allgemeinen Zweck, nämlich den: große taktische Einheiten mit Hinblick auf den wirklichen Krieg auf dem Terrain operiren zu lassen*).

---

lichen, größeren Uebungen die Uebung reglementarischer Formationen und Bewegungen großer Truppenmassen von gemischten Waffen nicht ohne Nutzen sein dürften, insofern man die Massen an Ruhe, Ordnung und Gehorsam gewöhnt. Wollte man sich aber wie die Franzosen n u r auf diese Art der Uebungen a l l e i n beschränken, so würden dieselben allerdings nur als e i n s e i t i g e zu bezeichnen sein, abgesehen davon, daß dieselben, sobald sie ohne Gegner ausgeführt werden, dadurch schon re vera nach des Wortes Bedeutung immer nur „e i n s e i t i g" sein müssen.

*) Die, in Preußen üblichen, größeren Truppenübungen sind ganz anderer Art, als die in Frankreich üblichen, so, daß sie sich mit Letzteren gar nicht vergleichen lassen.

Das Verfahren dieser Einheiten auf einem wirklichen Schlachtfelde unterscheidet sich von ihrem dramatischen, theatralischen Verfahren bei den Uebungen ebenso wie eine Tragödie sich von dem betreffenden historischen Ereigniß, welches sie behandelt, oder noch besser gesagt, wie der Roman sich von der Wirklichkeit unterscheidet. Mit einem Wort, das wirkliche Gefecht ist den einfachen Manövern eines Schein-Gefechtes um so weniger ähnlich, als dieses sich mehr dem Ideal des taktischen Gefechts überhaupt nähert.

Hieraus folgt, daß die großen, mit aller Strenge und aller möglichen Schärfe ausgeführten Uebungen nur Episoden aus dem Roman eines fingirten Krieges sein können.

Wir haben in Potsdam die Königlich Preußische Garde mit einer Schärfe, einer Langsamkeit und Steifigkeit exerciren sehen, daß wir vor Ungeduld erzitterten. Sollten diese Truppen auf einem wirklichen Kampfplatze ebenso verfahren, so dürften sie, unserer Ansicht nach, von den unserigen umzingelt und zurückgeworfen werden, ehe sie sich besinnen könnten *).

Bei den französischen Uebungen wird etwas Gegebenes, nach bestimmt gegebenen Vorschriften (Dispositionen) ausgeführt, ungefähr in der Art, wie dies in Preußen früher bei den sogenannten „Corps-Manövern" geschah, nur sollen die Franzosen stets eine wirkliche, für sie glorreich gewesene Schlacht tant bien que mal! nachahmen. S. Note * S. 13.

Bei den Feld-Manövern in Preußen soll mit dem vorhandenen Stoff, — der Truppe — nach einer allgemeinen Idee, aus unbekannten Verhältnissen, durch die Intelligenz der Führer, höheren und niederen Grades, nach Lage des Gegners und dem Terrain, etwas Neues, für Führer und Truppen Lehrreiches erst geschaffen, der Krieg improvisirt werden. Die Uebungen in Preußen sind daher mehr intellectueller und materieller Natur zugleich, während die französischen sich mehr als „mechanisch taktische" bezeichnen lassen möchten; doch haben Letztere jedenfalls den Nutzen: „größere Truppenmassen, nach gegebenen Bestimmungen, auf einem bestimmten Terrain führen und in reglementarischen Formen bewegen zu lernen, wobei zugleich aber auch die geistige Aufregung der Eitelkeit und Ruhmsucht der Truppen Zweck ist.

*) Hat Recensent wirklich die Preußischen Garden bei Potsdam exerciren sehen, so begreift man die Ungeduld des Franzosen um so leichter, als Ruhe, Ordnung, Präcision und geschlossenes Wesen der Truppe bei derartigen Uebungen ihm völlig fremd sind. Anders würde sich jedoch sein Urtheil wohl

Entschieden dürften unsere, dem Auge des Preußischen Prinzen so mangelhaft erschienenen, Uebungen der Wirklichkeit bedeutend näher kommen, als die Preußischen Manöver mit zwei Divisionen gegen einander, die gleichzeitig ihren allgemeinen, so wie ihren besonderen Zweck verfehlen. In vollständigster Sachkenntniß, mit Vorbedacht und in wohl überlegter Absicht, sind unsere Manöver dennoch, der Ansicht des Prinzen nach, beschränkt und einseitig.

Ebenso wenig ist es ferner aber auch richtig, daß weder der geringste Tadel, noch die geringste Kritik über vorkommende Mißgriffe ausgesprochen würden *).

Jeder anerkannte Fehlgriff wird stets durch den höchsten Vorgesetzten getadelt aber wohlwollend gerügt und berichtigt; ohne dies würden unsere Uebungen nicht nur beschränkt und einseitig, sondern die personificirte taktische Anarchie, wahre Wirrsale sein, was selbst der Prinz von denselben nicht sagen dürfte. Wir prunken nicht mit einem vorgekommenen Fehler weder vor dem hohen Stabe, noch im Tagesbefehl; nur privatim oder vor einem kleinen Ausschuß werden dem Officier wohlwollende Bemerkungen über den gethanen Fehlgriff gemacht **). — (?) —

Dies macht denn auch die Ungezwungenheit und die Unbefangenheit sogar erklärlich, mit welcher der Officier von einer Uebung heimkehrt, bei der er eben kein Glück gehabt hat; er fürchtet weder die verletzende Kritik, noch den demüthigenden Tadel, welche den Officier in Preußen treffen. Um sich aber so wenig befangen zu zeigen, als ob er sogar ein Meisterstück

---

gestaltet haben, wenn er die Garden hätte manövriren sehen, deren Väter bei Lützen am 2. Mai 1813, so wie bei Pantin und Belleville, in der Schlacht von Paris am 30. März 1814, wohl den Franzosen zur Genüge bewiesen haben, was die scharf dressirten, aber auch gehörig durchgebildeten, Preußischen Garden im Gefecht zu leisten vermögen.

*) S. „E. m. Denkschrift rc." S. 11.
**) S. S. 11 **).

beim Exerciren gemacht hätte, darf der französische Officier weder ein Dummkopf sein, noch das volle Bewußtsein seiner hohen Fähigkeiten oder eines vollständigen Erfolges haben; um seine gewöhnliche Haltung nicht zu verlieren, genügt es ihm, im Voraus zu fühlen und zu wissen, daß seine Vorgesetzten für ihn das Gefühl eines Vaters, seine Kameraden brüderliche Gefühle für ihn haben und daß das Manöver des Exercirplatzes nicht das des Schlachtfeldes ist*).

Wenn der französische Soldat sagt: „Wir haben keine Taktiker", so spricht er im Grunde dieselbe Idee, wie der Prinz, aus, wenn derselbe, nach seiner Ansicht, das mangelhafte Wesen unserer großen Manöver hervorhebt; doch will Ersterer durch jenen Ausspruch keineswegs, wie dies auch der Prinz sagt, seinen Generalen dadurch einen Vorwurf machen. Der französische Soldat, an die Regelmäßigkeit und Schärfe der Exercitien kleiner taktischer Einheiten gewöhnt, deren Zusammenwirken er begreift, wird verwirrt, sobald er die Manöver großer Einheiten sieht, die gewissermaßen mit dem Schauspiel, welches er täglich vor Augen hat, einen Contrast bilden. Er sucht im Großen den Zusammenhang und die Symmetrie, welche im Kleinen, in der Höhe seines Horizonts, sich entwickeln, ist hier aber in demselben Irrthume befangen, wie der Preußische Prinz: denn er bildet sich ein, daß im wirklichen

---

) Auch hier dürfte Recensent abermals auf die Lectüre der (S. 10) bereits angeführten Schrift seines Landsmannes Lefaivre: Causes de l'affaiblissement de l'infanterie und die vorstehend bereits aus deren S. 26. 27. 29. citirten Stellen zu verweisen sein, um danach seinen vorstehenden Ausspruch zu modificiren. Wer jemals Gelegenheit gehabt hat, mit der französischen Armee näher bekannt zu werden, wird sich gewiß erinnern, nicht selten, bei oft nur geringen Veranlassungen, gehört zu haben, wie Officiere mit Heftigkeit ihren Untergebenen ein „je vous f........, pour huit jours à la salle de police!" so wie daß Stabsofficiere gegen Officiere ein: „Monsieur, je vous flanquerai aux arrêts!" vor der Truppe, und oft noch mit anderen härteren Ausdrücken begleitet, zuriefen, so daß er wohl die Ueberzeugung mit sich genommen hat, „daß keinesweges der Ton in der französischen Armee vorherrscht, wie der Herr Recensent demselben hier als Regel ohne Ausnahme schildert.

*) S. „G. u. Denkschrift ꝛc." S. 12.

Kriege die großen Einheiten sich mit derselben Leichtigkeit aligniren, bewegen und massiren müßten, wie im Scheinkriege. – (?) –

Der französische Soldat tadelt jedoch seine Officiere deshalb nicht: sondern gewinnt sogar dadurch nur noch mehr Vertrauen zu denselben.

Der Preußische Prinz sagt ferner: „daß der französische Soldat seine Generale weit weniger nach der Geschicklichkeit ihrer Manöver, als nach ihrer Gabe ihm den Impuls, den élan zu geben, beurtheile, da in den Augen der Franzosen der Erfolg allein über die Eigenschaft eines Manövers entscheide" *).

Weder die Idee, noch der Erfolg, noch das Interesse, welches die Officiere ihren Soldaten beweisen, würden jedoch allein das Vertrauen erzeugen, welches sie denselben schenken. Seit 1796 und 1797 ist in der That in den wirklichen Feldzügen der Erfolg unserer Manöver bis heutigen Tages immer im Steigen geblieben, und nehmen wir in diesem langen Zeitraume nur die Jahre 1814 und 1815 aus, die aber von keiner Bedeutung sein können, da unsere Feinde damals uns an Zahl unverhältnißmäßig überlegen waren**). Unbedenklich können unsere Siege aus der ersten, sogenannten Revolutionszeit nicht wie die Töchter der Erfolge früherer Manöver betrachtet werden; denn es gab vorher keine analogen Thatsachen, welche als Präcedenz zur Beurtheilung der Eigenschaften unserer Manöver dienen könnten. Diese Siege sind vorzüglich der Wirkung eines neuen Princips zu verdanken, welches als Hebel im Kriege völlig unbekannt war ***).

Wer aber könnte wohl verkennen, daß dasselbe Princip nicht auch die Seele der Kriege des ersten Kaiserreiches gewesen

---

*) S. „T. m. Denkschrift ꝛc." S. 12.

**) Im Jahre 1814 in dem Feldzuge in Frankreich, so wie im Feldzuge 1815 bis nach der Schlacht bei Belle-Alliance, waren die gegenseitigen Streitkräfte einander ziemlich gleich.

***) S. S. 20 *).

ist und daß es nicht heute noch die Seele der Kriege des zweiten Kaiserreiches wäre*)?

Wir legen nicht Werth genug auf die taktischen Formen, um uns die Mühe zu geben, aus dem Erfolge eines Manövers auf dessen Güte zu schließen. Im Allgemeinen erscheinen uns alle Arten von Manöver, so wie alle taktischen Formen überhaupt, ziemlich indifferent, weder gut noch schlecht oder,

---

*) Wenn Recensent die Preußische Armee und deren Kriegsgeschichte nicht kennt, so ist dies erklärlich; die Geschichte der französischen Armee aber sollte er doch besser kennen, als er durch obigen Ausspruch dies beweist, indem er hier — mit oder ohne Absicht? — jedenfalls eine Unrichtigkeit ausspricht, wie sich aus folgenden Stellen des trefflichen Werkes des General Renard: „Betrachtungen über die Taktik der Infanterie ꝛc." (S. 39, 41, 42, 54, 67, 68, 72) nachweisen läßt:

„Die Idee, daß die Kriegsmethoden der Republik das Werk des Zufalles und der revolutionären Exaltation sind, ist oft gedruckt und allgemein verbreitet. Diese Idee wird namentlich durch die Schriftsteller Deutschlands dargelegt, und selbst französischen Autoren hat es gefallen, sie aufzunehmen: sie ist nichts desto weniger der Wahrheit entschieden entgegen."

„Die Kämpfe der, von Reserven unterstützten, Tirailleurs, die Bajonet-Attaken in Bataillons-Colonnen im Sturm- und Lauf-Schritt sind weder das Resultat einer glücklichen Inspiration, noch des Geistes der Freiheit, welcher die Freiwilligen dieser Epoche bewegte en débandade vorwärts zu stürmen. Diese Gefechtsweise gehört im Gegentheil zu einem taktischen Systeme, dessen Methode zwanzig Jahre lang der Gegenstand des Nachdenkens aller erfahrnen Militairs Frankreichs gebildet hat. Der Marschall von Broglio, der Sieger von Sandershausen und Bergen, war der erklärteste Partisan derselben und hatte diese Manöver in den Lägern von Metz und Bansieux (über zehn Jahre vor dem Ausbruch der französischen Revolution) ausführen lassen."

„Der berühmte Guibert, der blinde Verehrer Friedrich des Großen und dessen Linear-Taktik, hatte sich diesem System zugewendet und entwickelte mit seinen Anhängern ein System der dünnen Schlacht-Ordnung (ordre mince), welches man in Frankreich die Linear-Schule nennt, nach deren Grundsätzen das Exercir-Reglement von 1776, als Norm für die französische Infanterie, eingeführt wurde. Neben der Guibert'schen Linear-Schule hatte sich in Frankreich, schon am Ende des siebenjährigen Krieges, aber noch eine andere Schule gebildet, welche der tiefen Schlacht-Ordnung (ordre profond) die Ueberlegenheit vindicirte und die Perpendicular-Schule genannt wurde. Dieselbe erkannte Menil-Durand als Chef, Joly de Maizeroy und Bohan als Apostel und den Marschall Broglio, den besten General, welchen Frankreich in dieser Epoche besaß, als Protector an. Ungeachtet Broglio's Versuchen über die tiefe Ordnung in den Lägern von Metz und Bansieux siegte Guibert's Parthei, und wurde ihr

wenn man will, gleich gut. Unsere Taktik, unsere Formationen, Exercitien und Manöver sind nur ein spontaner Ausfluß unseres National-Karakters. Ein entlehntes, künstliches, mechanisches, taktisches System wäre für uns ein erstickendes Gefängniß, und hierin liegt das ganze Geheimniß der Mannig-

---

System durch das, im J. 1791 (nach einer Uebersetzung des Preußischen Reglements) publicirte Exercir-Reglement der französischen Infanterie, Gesetz."

„Von 1793 an gewann jedoch die Ansicht der Gegen-Parthei Guibert's, nämlich die Ansicht Broglio's und Menil-Durand's — (Anwendung der geschlossenen Angriffs-Colonnen mit Intervallen zum Deployiren, unterstützt von Tirailleuren (vor der Front oder in den Intervallen), so wie hohle und volle Carré's ꝛc.) — die Oberhand."

(NB. Das Detail hierüber ist in Renard's Werk zur Genüge mitgetheilt, daher dort nachzulesen, und fährt der geschätzte Verfasser (S. 54) fort:)

„Nach dieser Darlegung der taktischen Principien, welche von Folard schon angedeutet, von Menil-Durand und Joly de Maizeroy entwickelt, von den Marschällen Broglio und Rochambeau von allen Uebertreibungen gereinigt und für den Krieg anwendbar gestaltet wurden, erscheint die Frage: — aus welcher Quelle die Generale der Republik und des Kaiserreichs ihre Inspirationen schöpften?" — nnütz. Sie haben sie in den Ideen der Perpendicular-Schule geschöpft."

„Der Streit aber, welcher, zwanzig Jahre lang! die Partisane von Guibert und von Menil-Durand geschieden hatte, ist nicht im Lager von Metz und Baussleur, sondern auf den Feldern von Austerlitz und Jena und zwar gegen die Principien des Reglements von 1791 entschieden worden."

„Als der junge Bonaparte 1783 aus der Schule von Brienne in die von Paris übertrat, wurden ihm die Principien der Perpendicular-Schule bereits als die besten geschildert. Der nachmalige Kaiser hatte andererseits, wie er uns selbst belehrt, viel gelesen und tief gedacht; — das Nachdenken an der Spitze seiner Armee hatte aber den Eindruck nicht verwischt, welchen die ersten Lehren in der Kriegskunst auf ihn gemacht hatten." (R.: S. 66.)

„Während des Kaiserreichs sehen wir Alles, selbst die schrägen Carré's (carrés obliques) von Maizeroy anwenden, der bereits vor 1791 empfohlen hatte: — „sich stets zu entwickeln, entweder in Colonnen mit halber oder mit ganzer Distance, dabei zahlreiche Tirailleurs vorgeschoben oder in den Intervallen zu haben." (NB. Also dieselbe Formation, welche die Franzosen 1859 in Italien angewendet haben!)

„Die Franzosen bekämpften bis 1809, dem Endpunkte ihrer großen Erfolge, Feinde, welche nicht tiraillirten und später dies nur unvollkommen thaten. Jetzt ist dies anders. Während Frankreich auf seinen Traditionen ausruht, haben die deutschen Heere das Tirailliren zu einer großen Vollkommenheit gebracht." (R.: S. 78.) (Siehe: vorstehend die Note * zu S. 9 über Traditionen und die Preußische Armee.)

faltigkeit unserer Formationen, welche andere Nationen sich anzueignen bemüht sind.

Diese Mannigfaltigkeit an sich, die unmöglich sein würde, wenn wir Götzendiener der vollendeten Thatsache wären, ist aber ein neuer Beweis für die Unmöglichkeit des Empirismus, dessen der Preußische Prinz uns beschuldigt. In der That ist die Anzahl der verschiedenen Arten unserer taktischen Formationen, Exercitien und Manöver sehr groß.

Wenn der Erfolg für uns das Criterium ihres inneren Werthes wäre, so würden wir nur eine einzige Art angewendet haben und noch anwenden.

In allen Fällen haben wir auf dem Schlachtfelde, ebenso oft vor als nach dem bestätigten Erfolge, Gebrauch davon gemacht.

Nichts beweist aber mehr die Unbedeutendheit stereotyper und unveränderlicher taktischer Formen, als ihre Mannigfaltigkeit selbst und ihre Anzahl. Von dieser innersten Unbedeutendheit schließen wir auf die übertriebene Wichtigkeit, welche der Preußische Prinz auf dieselbe doch zu legen scheint. — (?) —

Wir müssen nochmals mit Bedauern bemerken, daß der Preußische Prinz uns wie Anbeter der rohen That betrachtet. Wir sind in seinen Augen nur Abenteurer, tollkühne Dreinschläger. — (?) —

Des Prinzen wegen thut uns dieser Irrthum leid, der, seine Aufmerksamkeit an der Oberfläche festhaltend, sich nicht gestattete, bis zu dem Geiste unserer Taktik einzudringen. — (?) —

Die französische Taktik ist die bewaffnete Action, welche bis zu dem Maximum von Combination und Lebendigkeit erhoben ist. — (?) —

Von diesem Gesichtspunkte aus betrachtet, kann sie offenbar nur das lange überdachte, gelehrte und praktisch ausgeführte Produkt der Arbeit eines tief methodischen, rationellen Geistes sein.

Wessen das Herz voll ist, davon geht der Mund über! Dies ist die Erklärung des Entsetzen erregenden Geschrei's, welches die Franzosen ausstoßen, sobald sie zum Angriff vorgehen. Beim Anblick des Feindes fahren sie auf, electrisiren sich und springen wie der Löwe beim Anblick seiner Beute. Dieses Geschrei aber, so wie der Anblick der Turcos und Zouaven sind doch nur geringfügige Dinge, welche die Preußen niemals einschüchtern sollten! und thut der Prinz Friedrich Carl Unrecht, sich über diese Eventualitäten Sorgen zu machen. — (?) —

Wir wissen nicht, wo der Prinz das angebliche Princip entdeckt hat, daß die Franzosen in geschlossenen Reihen gegen diejenigen Truppen fechten, die im Manövriren nicht geschickt sind, und daß sie dagegen in geöffneten Gliedern gegen Truppen fechten, die streng ihre Ordnung erhalten und nach den Regeln der Kunst verfahren.

Die Wahrheit ist, daß wir in Afrika, in der Krimm und in Italien in, nur soweit geschlossenen, Reihen fochten, als die Lebendigkeit des offensiven Elementes, welches wir zu realisiren streben, dies gestattete.

Der resp. Grad des Oeffnens und Schließens der Reihen ist wesentlich der Freiheit der Bewegung einer taktischen Einheit und der intelligenten Bajonette, aus denen letztere besteht, untergeordnet. Wir sind erstaunt darüber, daß man sich in Preußen und in Rußland in die Lage setzen könne, des freien Gebrauches der Arme beraubt zu sein und auf der Stelle getödtet zu werden, ohne sich vertheidigen zu können[*]).

Daß die Oestreicher in Italien sich in einer so verdrießlichen Lage befunden hätten, ist uns nicht bekannt geworden.

---

[*]) Recensent würde jedenfalls weise gehandelt haben, wenn er sich mit den Preußischen Reglements genau bekannt gemacht hätte, bevor er so falsche Urtheile über dieselben aussprechen wollte.

Der Irrthum, in welchen der Prinz in Betreff unserer gerathen ist, ist wirklich unerhört; denn daraus, daß wir uns weit genug einer vom andern abstellen, um unsere Armee frei bewegen und das Bajonet gebrauchen zu können, folgert er, daß unsere Glieder geöffnet seien, und daß wir nur als Tirailleurs operirten*). Wenn übrigens die Preußen, wie die Russen bei Sewastopol, sich uns in so gedrängt geschlossenen Colonnen zeigen sollten, daß sie die Freiheit ihrer Bewegungen nicht mehr besäßen, so würde es offenbar genügen, sie mit dichten Tirailleur-Schwärmen anzugreifen, um mit ihnen fertig zu werden. — (?) —

Der erste und höchste taktische Grundsatz aber, welchem wir huldigen und der uns ins Fleisch gewachsen ist, ist der Grundsatz der Offensive. Dieser Grundsatz ist in jedem unserer Officiere und unserer Soldaten, in jeder unserer taktischen Einheiten: Zug, Compagnie, Bataillon, Regiment, Brigade, Division, Armee-Corps, personificirt; jedes unserer Kriegs-Werkzeuge, alle unsere Bewegungen, bis zu unserer Ruhe, athmet alles die Offensive.

Die Betrachtungen, welche uns zur Offensive treiben, bestürmen uns von allen Seiten; wir wollen jedoch hier nur einige derselben anführen:

1. Mit Recht oder Unrecht sind wir davon überzeugt, daß keine Europäische Armee in der Offensive uns Stand halten kann; die Lebendigkeit unserer Offensive ist wenigstens fünffach stärker, als die der Preußen, Russen, Oestreicher und Eng-

---

*) Von allem dem steht kein Wort in der militairischen Denkschrift. Daß die Preußische Infanterie aber mit völliger Freiheit der Arm-Bewegungen das Bajonet mit bestem Erfolg schon 1813—15 zu gebrauchen verstand, dürfte wenigstens den Veteranen der französischen Armee aus jener großen Zeit wohl noch erinnerlich sein. Um wie viel besser und mit noch mehr Geschick als damals die Preußische Infanterie jetzt das Bajonet zu gebrauchen versteht, wo sie mit großem Fleiße hierin ausgebildet wird, kann und wird nur die Zukunft lehren.

länder*); die Spanier allein nähern sich uns in dieser Beziehung mehr oder weniger. — (?) —

2. In Folge dieser unvergleichlichen Ueberlegenheit des Angriffs, wird jeder Versuch der Initiative mittelst Offensive von Seiten unserer Gegner, sich augenblicklich in Defensive verwandelt sehen, wie dies bei Montebello und Magenta alle Gefechte des Zweiten Corps, bei Solferino alle Zusammenstöße der Franzosen mit den Oestreichern bewiesen haben. —(?)—

3. Die Offensive verfünffacht, verzehnfacht jeden unserer Kämpfer. — (?) —

4. Indem sie das moralische Element der Armee hebt, macht sie dieselbe unbesiegbar. — (?) —

5. Sie verhindert eine Armee, sich jemals auf die Defensive zu beschränken, und giebt das Mittel an die Hand, jederzeit dem Feinde sein taktisches und sogar sein strategisches Verfahren vorzuschreiben. Im Kriege in Italien hat sich die französische Armee nur ein einziges Mal genöthigt gesehen, einige Stunden lang die Defensive zu behaupten; die Lection, welche wir am Naviglio grande erhalten haben, ist aber blutig und lehrreich genug gewesen, um zu verhindern, daß wir je wieder in denselben Fehler verfallen dürften. — (?) —

6. Sie hat das Verdienst zu verhindern, daß eine Armee sich jemals in der Lage befinden könnte, sich zurückzuziehen. Kurz, die Offensive auf französische Weise geführt, ruft, indem sie zum Angriff bläst, auch zum Siege. Dies erklärt die angebliche Kühnheit, mit welcher wir bei Magenta unsere Armee in zwei, durch den Mincio und den Großen Canal getrennte, Theile getheilt haben, und daß wir uns bei Solferino

---

*) Die Schlachten und Gefechte in dem Befreiungskriege von 1813—15 haben dies eben nicht bewiesen, und ist wohl nicht gut anzunehmen, daß die Franzosen seit jener Zeit so durchaus andere Wesen geworden sein sollten? Auch sie sind Menschen, wie alle übrigen, und kochen ebenso gut nur mit Wasser, wie ihre ganze Mitwelt.

in ein, durch den Mincio, die Tyroler Alpen, die Chiese und den Po geschlossenes Viereck ohne Ausgang eingeschlossen haben. Unsere Gegner beschuldigen uns hierbei der Verwegenheit sogar, für den Fall eines Rückzuges. Wir beschränken uns aber auf die Erklärung, daß die Art der Offensive, welche wir angewendet haben, jede Möglichkeit einer Niederlage, mithin auch eines Rückzuges ausschloß*). — (?) —

7. Sie befreit von unveränderlichen und genirenden taktischen Formationen und gestattet alle möglichen Gefechts-Formationen unter der einzigen Bedingung, der Natur des Terrains und dem Karakter des Gegners Rechnung zu tragen.

8. Sie kürzt die Kriege und Feldzüge ab; indem sie die Schlachten unvergleichlich mörderischer macht und die Anzahl der Gefangenen in unerhörten Proportionen steigert, demoralisirt sie die feindliche Armee und macht dieselbe unfähig, das Feld zu behaupten. — (?) —

9. Obgleich sie die Kriege schrecklicher macht, spart sie doch Menschenblut; denn es ist unbestreitbar, daß ein Krieg von drei Monat Dauer, selbst mit zwei blutigen Schlachten, für die siegreiche Armee weniger zerstörend wirkt, als ein Krieg, der ein Jahr lang mit allen Humanitäts-Rücksichten geführt wird. — (?) —

Die Deutschen sind überzeugt, daß die Franzosen es nicht verstehen, sich zu vertheidigen. Der Preußische Prinz hält dies für eine schwache Seite, von der man Vortheil ziehen müsse**).

Wäre es vielleicht unbescheiden, wenn wir die Fälle ken-

---

*) Die mehr lecken als kühnen Operationen der Franzosen, bei Magenta sowohl, als bei Solferino, hätten — unter anderen Commando-Verhältnissen bei ihrem Gegner — sicher die schlechtesten Früchte für die Franzosen bringen müssen. (S.: „Die französische Armee auf dem Exercirplatz u. im Felde ꝛc." S. 106, 107—113, 134, 161, 165—177, 179).

**) S.: „E. u. Denkschrift ꝛc. S. 15.

nen zu lernen wünschten, wo wir uns zu vertheidigen nicht vermocht haben?

Unterscheiden wir zuerst, mit dem Prinzen, zwei allgemein bekannte Arten einen Angriff zurückzuweisen:

1) Die passive Defensive, von welcher uns die Oestreicher in Italien eine Probe vom reinsten Wasser, wie man solche nur wünschen kann, gegeben haben.
2) Die Contre-Offensive oder der Gegen-Angriff, welchen der General Forey auf das glänzendste personificirt hat.

Was nun die passive Defensive anbelangt, so verwerfen wir Franzosen dieselbe gänzlich, indem wir sie für das Schlimmste halten, was man thun kann, und werden sie daher aus freiem Antriebe niemals anwenden.

Wir müssen demnächst aber auch eingestehen, daß wir wahrscheinlich die Defensive nicht mit derselben Geschicklichkeit anzuwenden verstehen, als die Offensive; denn man macht nur das gut, was man öfter macht. Wir verstehen es nicht, uns zu vertheidigen, das heißt, wir verstehen es nicht, einen Angriff anders zurückzuweisen, als durch einen Gegen-Angriff und zwar 1) weil wir es nicht verstehen wollen; 2) weil wir, indem wir es nicht anwenden und nicht anwenden wollen, es auch nicht verstehen können. Mit einem Wort, unsere Unfähigkeit, uns auf östreichische und auf preußische Weise zu vertheidigen, hat ihren Grund in unserem entschiedenen Willen und in unserer natürlichen Ungeschicktheit, die durch den Mangel an Gewohnheit noch vermehrt wird.

Wir müssen hier einige Betrachtungen über den élan uns erlauben, welchen wir Franzosen — ob mit Recht oder Unrecht? mag dahin gestellt bleiben — für unser ausschließliches Attribut halten *).

---

*) Der französische Ausdruck »élan« wird hier in allen folgenden Bemerkungen beibehalten werden, da derselbe in seiner vollen französischen Bedeu-

Der élan ist keine einfache, physische, gleichförmig beschleunigte oder fortschreitende Bewegung; noch weniger eine gespannte Ruhe, welche jeden Moment in Bewegung auszubrechen droht.

Der élan ist eine, auf das Maximum ihrer Intensität gesteigerte Kraft der Seele, welche dem Körper eine verhältnißmäßige Kraft verleiht.

In dem élan concentriren sich alle eblen Kräfte der Seele zur ausgedehntesten Wirksamkeit: Muth, Unerschrockenheit, Begierde nach Avancement, nach höherer Stellung, nach Auszeichnung (?), gepaart mit Verachtung der Gefahr, des Todes, wie des Lebens, Ehrgeiz, Ehrgefühl, Ruhmsucht, Patriotismus, Hingebung ꝛc., steigern sich auf den höchsten Grad und beherrschen gebieterisch und unumschränkt alle Organe des Körpers; mit einem Wort: die Seele beherrscht vollständig das unterwürfige, gehorsame Thier.

Der élan ist das Lebensprincip, welches den Raubvogel belebt und ihn mit Blitzesschnelle die Luft zu durchschneiden

---

tung mit einem deutschen Worte nicht ganz genau wiederzugeben ist, indem bei den Franzosen das Wort »élan« — seiner innersten Bedeutung nach — weit mehr als „Aufschwung" bezeichnet. Der »élan« der Franzosen ist ein Product heißblütigen Temperaments, gesteigert durch Eitelkeit, Ruhmsucht, Muth und Kampflust, im Selbstvertrauen der Sieges-Gewißheit bis zur Unbesonnenheit und Tollkühnheit; eine Aufregung der Nerven und dadurch aller Gefühle, die sich bis zur Sinnesbetäubung steigert! der aber — durch Ueberraschung abgekühlt resp. abgeschreckt! — wie nach jeder Ueberreizung, sehr leicht Abspannung bis zur gänzlichen Erschlaffung — namentlich im Unglück! — folgt. Das sicherste Mittel gegen die Ausbrüche des französischen élan ist daher selbstredend: „Ruhe, Kaltblütigkeit, Unerschrockenheit, Besonnenheit und Vernunft, so wie Entschiedenheit und Energie im schnellen, wohl überdachten Handeln," alles Eigenschaften, welche der Preuße i. e. Deutsche vor dem Franzosen voraus hat, während er demselben an Muth, Kampflust und Tapferkeit wahrlich nicht nachsteht, ebenso gut als jener tiraillirt, wohl aber als Soldat weit gründlicher durchgebildet, besser instruirt und besser bewaffnet ist, auch größere Fertigkeit und Sicherheit im Schießen besitzt, demnächst aber nicht so leicht zu erschüttern ist, als jener, und in unglücklichen Fällen, wo der Franzose sehr leicht Fassung und Haltung verliert, nur um so fester, ruhiger, daher in seiner Haltung besonnener und überlegter wird, so daß der Preußische i. e. Deutsche Soldat dem élan des Franzosen mit Zuversicht jederzeit entgegentreten kann.

treibt; so daß er, ohne Flügel und Schweif zu gebrauchen, mit Wohlbehagen und Leichtigkeit in dem Himmels-Aether, seinem Elemente, schwimmt und fließt.

Der élan ist die geheimnißvolle Macht, vermöge welcher der Nachtwandler, die Last seines Körpers nicht mehr fühlend, in einem Augenblick erstaunenswerthe Strecken zurücklegt und Höhen erklimmt, vor denen der Mensch, im wachenden Zustande, schaudert.

Der élan ist das electrische Element, welches in einem unentzündbaren Herde verborgen, die Wolke durchbringt und den Blitzstrahl in unermeßliche Fernen schleudert. Kurz, der élan ist die freiwillige, plötzliche, unwiderstehliche Anstrengung der Seele, welche den Körper durchaus beherrscht und denselben zu dem vorgesteckten Ziele mit sich fortreißt.

Der französische Soldat ist im Durchschnitt genommen — in einem relativ heißen Klima geboren — von der Natur mit einer Gestalt bedacht, die weder übertrieben, noch gedrungen, weder dick, noch gestreckt, weder carré, noch eckig, oder durch Ungleichheiten verschroben, sondern die, im Gegentheil, so wohlgebildet und proportionirt, so schlank und biegsam ist, daß man seinen Körper geradezu als das Modell der, mit der Beweglichkeit und der Gewandtheit gepaarten, Kraft betrachten kann; eher klein als groß, aber ebenso fest, als nervig und gelenkig, weder mit Fleisch, noch mit Fett, noch mit Knochen überladen, wird er im Augenblick des Gefechtes ganz Fiber, ganz Nerv, ganz Muskel.

Wenn es wahr ist, daß die Form des Körpers mit dem Naturell im Einklange steht, so giebt der französische Soldat im Allgemeinen, ganz besonders aber der Chasseur à pied, der Zuave und der Soldat der Elite-Truppen, sämmtlich Günstlinge der Natur, das von ihr Erhaltene mit wucherischen Zinsen der Mutter Natur zurück. Im Laufen und selbst im Geschwind- und im Lauf-Schritt ersetzt er durch Schnelligkeit, was ihm an Masse fehlt; er berührt die Erde nur mit den äußersten Fußspitzen; seine elastischen, beweglichen Beine sind gleichsam zwei Sprungfedern, die fortwährend sich auszudehnen streben *), um ihn vom Boden auf- und vorwärts zu schnellen; seine Lebhaftigkeit ist größer, seine Empfindsamkeit heftiger, seine Begierde glühender, seine Ruhe kürzer, sein Aufbruch brüsker, sein élan stürmischer, als der des Spaniers.

Unsere Bescheidenheit kann sich darauf beschränken, den Leser auf den letzten Krieg in Italien zu verweisen, welchen man als den richtigen Maaßstab bezeichnen kann für die jetzige Art der Anwendung der hier vorstehend, in Bezug auf unseren nationalen élan entwickelten, theoretischen Ansichten. Sollte es sich aber durch Thatsachen bestätigen, daß dieser Feldzug die scharfe praktische Anwendung unserer Theorie sei, so dürften wir wohl mit vollem Recht den Preußischen Prinzen fragen: „bis zu welchem Punkte wir uns, nach seiner Ansicht, zu vertheidigen verstehen müßten? und in welchem Punkte die Preußen die Schwäche, welche er uns zuschreibt, zu benutzen wissen würden"?

---

*) Ueber den Angriff im Laufschritt bemerkt der General Berthezène in seinen Souvenirs militaires de la République et de l'Empire, Tome I, pag. 256: bei Gelegenheit der Schlacht von Wagram: „Oudinot, toujours prompt à courrir au feu, ne cessait de crier: „„En avant! au pas de course!"" Heureusement les troupes n'exécutèrent pas cet ordre à la lettre; elles marchaient à un pas accéléré très-vif, et c'est bien assez. Si elles eussent obéi aveuglément, elles seraient arrivées en désordre, essouflées et hors d'état de combattre avec avantage."

Der Laufschritt oder Trab ist zwar jetzt bei den Franzosen eingeübt, was 1809 noch nicht der Fall war, allein diese Gangart zur Regel beim Angriff zu machen, ist jedenfalls gefährlich, daher fehlerhaft — auch hat Napoleon sie einzuführen nie für nöthig erachtet! — da sie immer zur Unordnung führen muß, welche um so leichter Gefahr bringen dürfte, sobald die Trabenden, auf weiten Distancen schon, durch weithin sicher treffende Geschosse decimirt, in der Nähe des Feindes aber von demselben kaltblütig mit einer sicher treffenden Salve und darauf unmittelbar folgendem geschlossenen Bajonet-Angriff begrüßt und überdies vielleicht auch zugleich noch in Flanken und Rücken genommen werden.

Mag die Prätention gut oder schlecht begründet sein, so sind wir Franzosen doch davon überzeugt, daß, so lange als Einer von uns nur gegen Vier steht, wir niemals in den Fall der einfachen Vertheidigung kommen können *).

Die Ansicht von der passiven Defensive, in Hinsicht welcher wir dem Prinzen so ungeschickt erscheinen, stützt sich augenscheinlich auf die Taktik der Rückzüge, welche wir in unseren früheren Kriegen einigemal anzuwenden veranlaßt wurden. Es ist uns nicht bekannt, daß wir seit den Kriegen des ersten Kaiserreiches einen einzigen definitiven, selbst nur partiellen Rückzug gemacht hätten.

Was die großen Rückzüge von 1810 bis 1813 in Spanien, 1813 in Deutschland, 1814 in Frankreich, 1815 von Waterloo betrifft, so betrachten wir sie alle, besonders den im Jahre 1814, als Meisterstücke ihrer Art **). Jedenfalls gleichen sie nicht denen der Preußen nach der Schlacht von Jena und von Aerstädt, noch dem der Russen und Oestreicher nach der Schlacht von Austerlitz, noch dem der Oestreicher nach der Schlacht bei Magenta ***). — (?) —

Wie kann also der Prinz, diesen historisch bekannten Thatsachen gegenüber, behaupten: daß die Franzosen keine Ahn-

---

*) Recensent widerspricht hier sich selbst, indem er früher (siehe S. 13) behauptet hat: „Wir gestehen jedoch zu, daß sie (NB. die Feinde) viermal so stark als wir, uns viel zu schaffen machen und daß wir in diesem Falle zuweilen unterliegen würden." — (?) humanum est errare! —

**) Ob die Rückzüge der Franzosen im Jahre 1813, nach der Schlacht an der Katzbach, bei Leipzig und der im J. 1815 nach der Schlacht bei Waterloo auch für Meisterstücke gelten dürften? wird wohl kein denkender Militair mit „Ja!" beantworten, da die französische Armee 1813 es nur der schlaffen Verfolgung von Seiten der Alliirten zu verdanken hatte, daß sie nicht schon diesseits des Rheines ihren Untergang fand, die Resultate von 1815 aber für sich selbst sprechen.

***) Wenn den Oestreichern auch der Vorwurf gemacht werden dürfte: „daß sie nach der Schlacht bei Magenta, am 4. Juni 1859, schon am 6ten den Rückzug sofort antraten und denselben ohne Rast! bis zum Mincio fortsetzten", so war doch die Art der Ausführung desselben tadellos.

dung von geordneten Rückzügen hätten, daß Einer dem Anderen nur zuvorzukommen eile, so daß unser Rückzug nur eine wahre débandade sei *)?

Wir fordern unseren Erlauchten Gegner auf: zur Begründung seiner Behauptungen — mit Ausnahme unseres unheilvollen Rückzuges aus Rußland im J. 1812 — nur eine einzige unbestreitbare Thatsache anzuführen. War aber, ehrlich gestanden! jener Unfall in Rußland nicht eher das Resultat unserer Unzulänglichkeit im Kampfe gegen das Klima und die Elemente, als unserer Unfähigkeit, den Kräften der Russen Widerstand leisten zu können **)?

---

*) Der Ansicht des Erlauchten Verfassers der militairischen Denkschrift pflichten selbst gediegene Kriegserfahrne und vorurtheilsfreie französische Generale aus der ersten Kaiserzeit bei, die, außer dem in der neueren Geschichte beispiellosen Rückzuge der französischen Armee aus Rußland im J. 1812, auch den Rückzügen derselben nach den Schlachten bei Leipzig und bei Belle-Alliance (oder Waterloo) beigewohnt haben.

**) Als Belege für den Ausspruch der milit. Denkschrift (S. 15) mögen hier nur folgende historisch bekannte Data über Rückzüge der französischen Armee genügen:
1) Siehe Renard: „Betrachtungen ꝛc." S. 19. Das Selbstvertrauen, der Ungestüm, selbst der Fanatismus vermögen große Thaten zu vollbringen, aber sie genügen nicht, um den Sieg zu fesseln. Die französischen Soldaten von 1792 übertrafen in dieser Hinsicht die Armeen von Italien und von Austerlitz, und dennoch kennt man ihre schmähliche Flucht unter Dillon und Kilmaine;
2) in Spanien, nach der Schlacht bei Vittoria, am 21. Juni 1813;
3) in Schlesien, nach der Schlacht an der Katzbach, am 26. August 1813;
  (NB. Die Schlacht selbst hatte den Franzosen nur wenige Verluste verursacht, dieselbe wurde erst zum verderblichen Resultat für die französische Armee durch den, in Flucht ausartenden, Rückzug!)
4) in Sachsen, nach der Schlacht bei Leipzig, am 19. October 1813;
5) in Belgien, nach der Schlacht bei Belle-Alliance (Waterloo), am 18. Juni 1815, wo der Rückzug in eine Flucht bis Paris ausartete.
Diese Citate unglücklicher Rückzüge der französischen Armee, von denen drei innerhalb der Zeit von vier Monaten (vom 21. Juni bis 19. October 1813) stattfanden, der vierte aber sich zwanzig Monate später ereignete, dürften aber wohl hinreichende Zeugen für die Richtigkeit der, von dem Herrn Recensenten so scharf widersprochenen Ansicht des Erlauchten Verfassers der Denkschrift „über die Rückzüge der französischen Armee" sein.

Der Marschall Bugeaud ist von allen unseren Generalen derjenige, welcher, sowohl in der Theorie, als in der Praxis, am meisten den Accent auf die unermeßliche Ueberlegenheit der offensiven Defensive über die passive gelegt hat. Seit seinem Tode hat aber die Theorie, vor Allem jedoch die Praxis, in dieser Hinsicht einen unendlichen Fortschritt gemacht. Der Marschall empfahl, die offensiven Defensiv-Bewegungen nur gegen die Flanken oder den Rücken des angreifenden Feindes zu richten. Die Kriege in der Krimm, besonders aber in Italien, haben uns jedoch einen Sprung machen lassen, dessen Kühnheit der Marschall selbst zuzugestehen sich nicht gestattet haben würde.

So groß war bei Montebello das Vertrauen des General Forey zu dem élan seiner Soldaten, daß er nicht Anstand nahm, mit zwei Bataillons, etwa mit 700 Mann einen Gegen-Angriff in Front gegen die Front einer ganzen Oestreichischen Division zu machen, welche in zwei Brigaden, in zwei parallelen Linien, anrückte, und daß 2100 Mann (das 74ste und 84ste Linien-Regiment) hinreichten, um mehr als 6000 Mann zum Rückzuge zu zwingen. Bei diesem Ueberfall ergriff der General Forey, aus Inspiration, das einzige Mittel, was seiner selbst, so wie seiner Officiere und seiner Soldaten würdig war. Er war nicht in der Lage, sich in den Rücken der Oestreicher werfen zu können; es war zu gefährlich, sich mit so wenig Truppen zwischen den Prinzen von Hessen und den General Urban zu werfen. In diesem Falle würde es ihm höchstens gelungen sein, den Feind aufzuhalten, nicht aber ihm eine wirkliche Niederlage beizubringen. Wir gedenken gar nicht erst der Möglichkeit, daß der General die stricte Defensive hätte anwenden können, sie war seinem Sinne ebenso fremd, als den allgemeinen Regeln der französischen Taktik.

Die Oestreicher, ihrerseits, waren ebenso wenig im Stande, sich auf die Flanken oder den Rücken der Franzosen zu werfen.

denn in beiden Fällen würden sie ebenso gut, wie die Franzosen, auf die Masse der feindlichen Kräfte gestoßen sein.

Es ist fast unnöthig, die Hypothesen aller der Eventualitäten zu besprechen, welche sich bei Solferino hätten ereignen können, wenn der Kaiser — anstatt seine Kräfte im Centrum zusammenzuziehen — versucht hätte, die feindliche Armee auf dem rechten oder dem linken Flügel zu umgehen.

In keinem dieser beiden Fälle würde er ein entscheidendes Resultat erreicht haben; denn jeder der feindlichen Flügel, welcher durch die Flanken-Bewegung nicht bedroht worden wäre, würde unversehrt in voller Kraft verblieben sein, um selbstständig oder in Gemeinschaft mit dem ernstlich angegriffenen Flügel zu handeln.

Der Haupt-Angriff gegen einen der Oestreichischen Flügel allein gerichtet, hätte sogar dazu führen können, die beiden feindlichen Armeen zu einem Ganzen zu vereinigen, wodurch, bei den starken Stellungen im Norden, die Schwierigkeit der Aufgabe der französischen Armee unnöthig gesteigert worden wäre.

Der französische rechte Flügel (das 3te und 4te Corps) hätte unbezweifelt die Erste Armee der Oestreicher in ihrer linken Flanke angreifen und sie gegen Norden dem siegreichen Centrum der Franzosen in die Arme werfen können.

Ungeachtet der günstigsten Conjunctur zog der, fast nur auf seine eignen Kräfte reducirte, General Niel es dennoch vor, in der Front, in der Richtung auf Guidizzolo vorzurücken, und konnte sich nur Glück wünschen, eine Taktik verfolgt zu haben, welche in jeder Hinsicht mit der des Kaisers übereinstimmte *).

---

*) Um die Richtigkeit der hier ausgesprochenen Ansichten gehörig würdigen zu können, lese man in der schon früher angeführten Schrift: „Die französische Armee auf dem Exercirplatze und im Felde ꝛc." Die Schilderungen des Gefechtes bei Montebello Seite 101—104 und der Schlacht bei Solferino Seite 150—162.

Wir können uns hier nicht der Bemerkung enthalten, der jeder Verständige beipflichtet: „daß die Flanken-Taktik, welche die Oestreicher, den Ansichten des Prinzen entsprechend, befolgten, nicht einmal den ernstlichen Anfang der Ausführung erlebte, demnächst aber auch — selbst wenn ihre Armee eine einzige gewesen wäre — einen Erfolg nicht hätte haben können; denn eben die Lebhaftigkeit des doppelten Frontal-Angriffes, im Centrum und auf dem rechten Flügel, welcher sie weder in ihrem allgemeinen Centrum, noch im Centrum ihres linken Flügels zu Athem kommen ließ, verhinderte sie, auch die geringste Flankenbewegung nur zu versuchen. Hätten aber, andererseits, die Oestreicher in der That die von dem Prinzen so gepriesene Taktik befolgt oder befolgen können, so würde ihr Centrum noch zehnmal leichter zu durchbrechen gewesen sein *).

Ohne Weiteres schließen wir daher, daß der Gegen-Angriff gegen die Flanken oder den Rücken des Gegners — abgesehen davon, daß derselbe oft, wegen der resp. Stellungen der Armee, sogar unmöglich ist — jederzeit unsicher ist und zu keinem entscheidenden Resultate führt, während die Central-Taktik, d. h. der Angriff auf das Centrum — welcher stets möglich und sogar leicht ist — ein unheilvolles Resultat für die eine oder die andere der beiden Armeen herbeizuführen nicht verfehlen wird. Diese, mit so viel Glanz und Ruhm bei Solferino ausgeführte, Taktik thront entschieden auf den Ruinen der Flanken- und Rücken-Angriffe. Es ist dies die Taktik, welche die Kaiserliche oder Napoleonische genannt

---

*) Dem vorstehenden Raisonnement — welches für Jeden, der den Verlauf der Schlachten in Italien im J. 1859 näher kennt, in sich zusammenfällt — darf daher hier nicht erst entgegengetreten werden. Bei aller Achtung vor der Tapferkeit und militairischen Tüchtigkeit, welche die Franzosen in jenen Schlachten bewiesen haben, darf aber nicht unerwähnt bleiben, daß sie, vor Allem, den großen Fehlern, welche ihre Gegner verschuldeten, den Sieg zu verdanken hatten.

zu werben verdient, und die wir „wohl zu beachten" unseren Officieren und Generalen dringend empfehlen *).

Dieselbe Taktik der Central-Angriffe würde schon in den letzten Tagen des Monat Mai 1859 gegen die Oestreichische Armee in ihren starken Stellungen am Po, im Angesicht Alexandriens, zur Anwendung gekommen sein, wenn die Aussicht auf Eroberung der Lombardei durch die einfache Bewegung einer strategischen Schwenkung dem Geiste des Kaisers nicht vortheilhafter erschienen wäre **).

Aus allen diesen Betrachtungen ergiebt sich das Resultat: „daß die Central-Taktik aber nur durch die Lebhaftigkeit des Angriffs — die leichter darzuthun als zu begreifen und verständlich zu machen ist — Erfolge zu gewärtigen hat: nur dem élan werden jederzeit die Ehren des Sieges zufallen. — (?) —

Unsere offensive Central-Taktik, die durch den Krieg in Italien in ein so eminentes Licht gesetzt worden ist, die wir aber von jetzt an um so mehr zu pflegen und ausschließlich zu vervollkommen gedenken, scheint auf den Preußischen Prinzen einen sonderbaren Eindruck gemacht zu haben. Er spricht sich hierüber in folgenden Worten aus:

---

*) Daß Napoleon I. zu keiner Zeit ein bestimmt ausgeprägtes taktisches System befolgt habe, und daß es daher eine Napoleonische Taktik nicht giebt, dies steht fest und darf daher hier nicht erst noch weiter erörtert werden. Auf vorstehende Aussprüche mag hier nur noch bemerkt werden: „daß auch der Kaiser Napoleon III. die vom Recensenten als unvergleichliches und unfehlbares Muster bezeichnete sogenannte „„Central-Taktik des großen Onkels"" nicht immer als Panacée betrachtet hat, indem er am 4. Juni. bei Magenta, seinen Haupt-Angriff gegen den rechten Flügel der Oestreicher richtete, was ihm freilich auch unter anderen Verhältnissen — leicht hätte sehr schlecht bekommen können und sogar sehr schlecht hätte bekommen müssen.

**) Ueber diese hier so gerühmte strategische Schwenkung lese man in der Schrift „Die französische Armee auf dem Exercirplatze und im Felde ic." S. 106, 107 das Nähere, um sich zu überzeugen, wie fehlerhaft dieselbe war und wie leicht sie das Verderben der Franzosen hätte herbeiführen können und müssen, wenn die Oestreicher sie zeitig genug bemerkt event. gehörig benutzt hätten!! —

„Wenn die Franzosen mit ihren fortwährenden Angriffen mit uns in einem Terrain zu thun haben sollten, wo der Gesichtskreis weiter wäre, als er es in Italien war, so würden sie sicher noch größere Verluste, als in ihrem letzten Feldzuge, zu erleiden haben; allein, wenn man sie gewähren läßt, so werden sie doch zu ihrem Ziele gelangen" *).

Nicht so sehr die Lebhaftigkeit des Angriffs an sich betrachtet, als der stets wiederholte, immer wieder erneute Angriff ist es, der Themistocles den Schlaf raubt, und dem ein Ende zu machen die Aufgabe ist! da sonst die Franzosen doch zu ihrem Ziele gelangen würden! — (?) —

Es ist möglich, daß, wenn wir mit den Preußen in den weiten Ebenen Deutschlands zu thun bekommen sollten, wir noch mehr Leute als in Italien verlieren dürften; dies könnte wohl geschehen und wäre nichts Erstaunenswerthes, weil die Preußen, wie der Prinz Friedrich Carl sagt, vier Schüsse abfeuern in der Zeit, in welcher die Oestreicher deren nur zwei abgeben.

Der Erlauchte Verfasser der Denkschrift wolle uns jedoch gestatten, ihm zu bemerken: daß, wenn wir mit den Preußen in den offenen Ebenen Deutschlands zusammengerathen sollten, wir die natürlichen Hindernisse nicht zu bewältigen haben würden, welche wir in Italien, bei Magenta und bei Solferino, angetroffen haben, und daß wir gerade deshalb, wie es uns scheint, nur um so leichteren Kaufes die Oberhand erhalten dürften. Bei Magenta, wie bei Solferino, haben uns die starken Positionen am Naviglio grande und in dem hügeligen

---

*) S. „E. m. Denkschrift ꝛc." S. 16. (NB. Die Worte sind hier: „Die Franzosen werden bei ihren steten Angriffen, wenn sie uns gegenüber in dem übersichtlicheren Terrain, als es in Italien ist, ebenso verfahren sollten, gewiß noch größere Verluste als dort haben. Allein, wenn man sie ungestört gewähren läßt, werden sie doch zum Ziele gelangen." Das Wort „ungestört" hat Recensent in der Uebersetzung aber fortgelassen.)

Terrain im Norden der Ebene von Medole das Meiste gekostet; denn in der Ebene von Medole sogar erkämpfte der General Niel mit drei- bis vierfach geringeren Kräften, als die der Oestreicher, fast ebenso entschiedene Erfolge, als das französische Centrum.

Sollte der Prinz uns die Gewogenheit erzeigen, uns auf die schönen Plateaux Deutschlands einzuladen, so würden wir uns ganz gewiß beeilen, die Einladung anzunehmen! Die Ebenen überhaupt, vor allen aber die Ebenen Deutschlands! haben für uns einen ganz besondern Reiz!

„Allein, wenn man sie gewähren läßt, werden sie doch zum Ziele gelangen." Nach dem Geständniß des Prinzen selbst würden aber hiernach die, im Centrum angegriffenen, Preußen, nachdem sie uns, von ihrer abwartenden Stellung aus, viermal Pulver in die Augen gespritzt haben, sich von unseren Tirailleurs umwickelt, mit dem Bajonet erfaßt und geworfen sehen. — (?!) —

Hiernach würden also die Preußen — da es feststeht, daß die Gefahr, von dem Gewehrfeuer zu leiden, in der mittleren Tragweite der Waffe am größten ist, daß aber, sobald dieser mittlere Raum durchlaufen ist, die Gefahr immer mehr abnimmt, bis sie gänzlich verschwindet — mit der blanken Waffe angreifen, sobald der Feind sich bis auf 100 oder 150 Schritte genähert hat.

Lassen wir die Preußen — mit denen wir für einen Augenblick einen Krieg supponiren — sich, nach ihrer Bequemlichkeit, einrichten und nehmen wir — ohne uns bei dem möglichen Fall eines Rückzuges ohne Kampf, noch bei einem, gegen unsere Flanken oder gegen unseren Rücken gerichteten, Angriff aufzuhalten — einmal an, daß sie, uns gegenüber stehend, uns angreifen wollen. Besprechen wir die Frage sogar aus einem allgemeinen Gesichtspunkte, und nehmen wir an, daß ein Zusammenstoß der Preußen mit den Franzosen auf drei verschiedene Arten stattfinden könnte:

 entweder die Preußen greifen die Franzosen an,
 oder die Franzosen greifen die Preußen an,
 oder die Preußen und die Franzosen greifen sich gegenseitig gleichzeitig an.

Um das Drama noch interessanter zu machen, nehmen wir an: daß zwei gleich starke, achtbare, taktische Einheiten, z. B. zwei Divisionen einander gegenüber ständen.

Eine französische Division also, brigadeweise in zwei Treffen rangirt, soll im Geschwindschritt gegen die Preußische Division vorgehen. Jedes Treffen hat seine Bataillone — in geschlossener Divisions-Colonne mit halber Distance formirt — mit Intervallen zum Deployiren; die Colonnen des zweiten Treffens stehen auf den Intervallen des ersten, das Ganze also en échiquier mit schräger Front und mit vorgeschobenem rechten Flügel; die ganze Front der Schlacht-Ordnung mit Tirailleurs bedeckt, welche einen Hagel von Kugeln in die Preußischen Reihen schleudern.

In dem Fall der Initiative des Angriffs mit der blanken Waffe von Seiten der Preußen auf 100 bis 150 Schritt, welchem auf diese Entfernung eine Gewehr-Salve vorausgeschickt wird, werden die Franzosen, mehr oder weniger in Unordnung gebracht, ihre Kaltblütigkeit und die Ordnung ihrer Glieder doch in Zeit von fünf Minuten*) spätestens in dem Augenblick wieder erlangt haben, wo die Preußen noch 20 Schritt von der Front entfernt sind: in diesem Augenblick geben die

---

*) Da nach Vorstehendem: „die Franzosen durch eine Gewehrsalve, auf 150 Schritt von ihrer Front abgegeben, mehr oder weniger in Unordnung gerathen, wie Recensent selbst anspricht, und erst in der Zeit von fünf Minuten ihre Glieder wieder geordnet haben werden" — jeder Soldat aber 150 Schritt im Trabe in Zeit von einer Minute zurücklegt, so würde die logische Schlußfolge ergeben: „daß jedenfalls die angreifenden Preußen den Franzosen eher über den Hals kommen müßten, bevor dieselben ihre Glieder wieder geordnet hätten? —

Franzosen eine allgemeine Gewehrsalve à bout portant*), welche die feindlichen Reihen in völlige Unordnung bringt, und stürzen dann mit dem Bajonet in den Feind. — (?) —

In Folge der Ueberlegenheit des, den Franzosen eigenen, élan wird die Preußische Offensive sofort sich in die Defensive verwandeln und hierauf sofort der erste Fall auf den zweiten zurückgeführt werden, d. h. auf den, in welchem angenommen wird: „daß die Preußen die Franzosen stehenden Fußes erwarten."

In diesem zweiten Fall wird der französische General, im geeigneten günstigen Moment, seine Tirailleur-Linie in die Intervallen der Bataillone des ersten Treffens zurückziehen, welches voll und fest eine zusammenhängende Linie kräftigen Gewehrfeuers bildet, unterstützt durch das Feuer der Divisions-Artillerie. Es wird zum Angriff geblasen, und die ganze französische Linie bricht mit ebenso viel Ordnung als Ruhe schweigend los. Auf 30 Schritt vom Feinde giebt die französische Division eine General-Salve, welche die Preußische Division auflöst, und stürzt dann mit dem Bajonet in deren Reihen.

In diesen beiden Fällen wird die Preußische Division, die sich in der gedrängten, geschlossenen Form, durch welche sie heutigen Tages noch glänzt, erdrückt, schon wegen der geringen Freiheit der Bewegungen ihrer Leute. Sie wird sich ganz in der Lage der Russen befinden, „die, in dichtgeschlossenen „Colonnen fechtend und dadurch an dem freien Gebrauch ihrer „Arme verhindert, auf der Stelle, wo sie standen, erschlagen „wurden, fast ohne sich vertheidigen zu können. Da sie näm„lich ihre Kolbenschläge nur in nächster Nähe austheilen konnten, „trafen sie niemals ihre Gegner, welche weit ausholend, sie „mit einer Hand niederschlugen." — (?) —

---

*) à bout portant, d. h. das Gewehr dem Gegner auf die Brust gesetzt.

Man darf nicht annehmen, daß die Preußische Division eine mehr entwickelte, freiere, der vorstehend skizzirten französischen Formation analoge, Gefechts-Ordnung annehmen werde. Wie könnten auch die Preußen darauf kommen, eine Formation anzunehmen, welche in ihren Augen nur die „organisirte Unordnung" ist? eine unter allen Umständen schlechte und verwerfliche Formation?

Die Preußen verhöhnen nicht nur diese, ihnen ebenso sinnlos als verächtlich erscheinende, Formation, sondern wenn jemals einer ihrer Generale sich beikommen ließe, diese Formation, selbst nur der Abwechselung wegen, anzunehmen, so würde er sich sofort unmöglich machen. Wie wäre es denn auch möglich, ein von vorn herein als schlecht und abscheulich erkanntes Instrument mit Geschick und Erfolg handhaben zu können! — (?) —

Der dritte Fall, derjenige, wo beide feindliche Divisionen sich gegenseitig gleichzeitig angreifen, kann leicht vermieden werden, wenn die Preußen nur auf 100 bis 150 Schritt zum Angriff vorgehen. — (?) —

Nehmen wir aber an, daß beide Divisionen auf 30 Schritt Abstand von einander gleichzeitig zum Angriff vorgehen, so werden die weniger gedrängt stehenden französischen Bataillone auch weniger gelitten, sich aber schneller wieder formirt, und die Preußen bereits auf ihre Bajonette gespießt haben, ehe diese sich zu sammeln und zu besinnen vermögen. — (??) —

Aus diesen Betrachtungen ergiebt sich also: daß die Preußische Armee, bei ihren gegenwärtigen taktischen Grundsätzen, mit der französischen engagirt, sich weder in der Offensive, noch in der Defensive gegen eine blutige Niederlage zu schützen wissen wird; denn es genügt, nur ihre ungelenke Ordre de Bataille lebhaft anzufassen, um diese Armee in eine todte Bleimasse umzuwandeln und sie für freie Bewegung, sei es zum

Angriff oder zur Vertheidigung, unfähig zu machen *). — (?) — Demnächst sind aber die Beweglichkeit oder das natürliche Geschick zur Offensive und der (französische) Abstand von Mann zu Mann, von Glied zu Glied ꝛc. zwei wesentliche, mit einander in Wechselwirkung stehende, Ideen, welche eine die andere ergänzen. Ist der Grundsatz der Offensive ausgesprochen, so folgt aus demselben nothwendig das Auflockern der Glieder und vice versa.

---

*) Hätte Recensent sich die Mühe gegeben, das Wesen und den Geist der Preußischen Reglements nur einigermaßen kennen zu lernen, so würde er dergleichen total schiefe Urtheile sich doch wahrscheinlich erspart haben. Um aber auch jeden Schein von Partheilichkeit zu vermeiden, mag hier dem geehrten Recensenten abermals das Urtheil eines fremden Generals — siehe Renard: Betrachtungen über die Taktik der Infanterie S. 110 u. 141 — über die Preußischen Reglements zur Lectüre empfohlen werden, indem derselbe sehr richtig sagt:

„Das Preußische Reglement enthält nur sehr kurze Bemerkungen über die Richtung und über den Uebergang aus der deployirten in die Colonnen-Stellung. Die Front-Veränderungen, welche in dem französischen Reglement einen sehr bedeutenden Raum einnehmen, beanspruchen nur neunzehn Zeilen des Preußischen Reglements. Es erinnert daran, daß alle angegebenen Bewegungen mit Ruhe und Ordnung ausgeführt werden müssen, und endigt mit einer sehr weisen, an die Brigade-Commandeure gerichteten, Mahnung: „die Regeln des Reglements nicht buchstäblich aufzufassen, wenn das Terrain die Maaßregeln des Feindes oder andere entscheidende Verhältnisse eine Modification derselben bedingen; ja es weiset dieselben an, bei den Manövern absichtlich Verhältnisse herbeizuführen, welche einzelne Bataillone in die Nothwendigkeit versetzen, ohne Rücksicht auf die reglementarischen Vorschriften, nur nach den Umständen zu handeln".

„Im Jahre 1806 war der Preußische Bataillons-Commandeur, der Linear-Schule gemäß, nur ein Räderwerk, das, von Außen bewegt, den hemmenden Einfluß fühlte, er war ein passives, von dem Buchstaben des Reglements gefesseltes, Wesen. Heut zu Tage ist der Bataillons-Commandeur ein denkendes Wesen, an dessen Urtheil man sich fortwährend wendet. Im Jahre 1806 ruhete, der Linear-Schule gemäß, die Kraft der Armee hauptsächlich in dem Chef und der Vollkommenheit der Maschine. Gegenwärtig hat jeder Theil der Maschine seine eigene Existenz, und der Energie des Chefs gesellen sich alle Energieen und alle geistigen Kräfte eines unterrichteten und ergebenen Officier-Corps zu."

Wie es scheint, hat Recensent sich nur an die Geschichte von 1806 gehalten und sich nicht einmal bemüht, die Kriegs-Geschichte von 1813—15 näher kennen zu lernen.

Die Preußen verabscheuen es, ihre Glieder aufzulockern; sie werden daher niemals die Offensive ergreifen, oder dieselbe wird unmittelbar in stricte Defensive übergehen, oder wenn sie die Offensive ergreifen und beibehalten, so werden ihre Glieder, durch die Action selbst, wie die französischen aufgelockert werden *). — (?) —

Wir wollen jedoch den Preußen Wohlwollen zeigen und ihnen vertraulich die Art und Weise zur Kenntniß bringen, wie man zu dem Talent der Offensive mit Ungezwungenheit der Soldaten in den Gliedern gelangt, so daß sie — ohne den Erfolg ihrer Waffen aufs Spiel zu setzen — es dahin bringen können, mit Vortheil, oder wenigstens al pari, mit der ersten besten Armee zu kämpfen, oder wir wollen vielmehr sie erbauen durch Mittheilung der Art und Weise, wie wir Franzosen zur Offensive gelangt sind; denn wir haben sie nicht immer in so hohem Grade besessen.

In einer gewissen Epoche der Vergangenheit, etwa gegen das Jahr 1789, bemächtigte sich ein gewisses Princip, für welches wir stets eine entschiedene und unwiderstehliche Neigung gehabt haben, das sogenannte revolutionaire Princip, entschieden unserer Gemüther, welches uns zur Vernichtung aller vorhandenen politischen Elemente ins Feld trieb.

Frankreich war politisch, finanziell ꝛc. durch seine Könige und seine Edelleute, die seine festesten Schutzmauern hätten sein sollen, ruinirt worden. Alles wäre verloren gewesen, wenn die Nation ihre Bestimmung verfehlt und sich nicht selbst gerettet hätte. Einige bedeutende Männer, ergriffen von der

---

*) Weit entfernt davon, den Herrn Recensenten über die Preußische Taktik eines Besseren belehren zu wollen, soll nur bemerkt werden, daß er sich hier in einem großen Irrthume befindet, daß aber eine, von Hause aus aufgelockerte, Formation nur gar zu leicht eine „lodderige!" wird, und daß der Mangel des Princips einer festen geschlossenen Ordnung, welche den Franzosen sogar fehlerhaft erscheint, denselben doch sehr leicht noch große Nachtheile bereiten könnte!? —

Gefahr, welcher das Vaterland in seinen inneren und äußeren Verhältnissen entgegen ging, wurden von einem Muth und einem Feuereifer beseelt, welche keine Worte zu schildern vermögen, und flößten beides der ganzen Nation, sowohl gegen ihre Feinde im Lande, als besonders gegen das drohende Ausland, ein. Von daher aber stammt die furia francese*), der französische élan, die französische Offensive, die Ungezwungenheit unserer Reihen ꝛc., von daher stammt unsere Taktik und selbst unsere Strategie. Unsere Taktik ist die Tochter der Noth, und dies erklärt ihre Kraft und ihre Macht**). — (?) —

Wir zweifeln gar nicht daran, daß, wenn die Preußische Nation durch ein ebenso rauhes und hartes Medium geführt werden könnte, ihre Armee nicht auch eine weit lebendigere Taktik erhalten würde; denn die Noth wird zur Tugend***).

Der Preußische Prinz bespricht auch noch des Breiteren unsere Tirailleure und unsere Elite-Truppen, und spricht von denselben sogar ohne Geringschätzung und ohne Partheilichkeit.

---

*) Recensent befindet auch hier sich im Irrthume; denn die sogenannte „furia francese" machte sich schon unter Franz I. in dessen Kriegen in Italien zu Anfang des 16. Jahrhunderts geltend und bekannt, nicht aber erst in den Revolutions-Kriegen nach 1790.

**) Mit Hinweisung auf die, vorstehend S. 20 * befindliche, Anmerkung ergiebt sich, daß Recensent auch im obigen Ausspruch sich eines Irrthums schuldig macht; denn als in der Staatsraths-Sitzung am 23. December 1803 der Admiral Troguet äußerte: „daß der Soldat eines Land-Heeres in Zeit von 6 Monaten auszubilden sei!" entgegnete ihm Napoleon mit Energie: „C'est une erreur, qu'il serait dangereux de propager; elle nous ménerait à n'avoir plus d'armée. Ce ne sont pas les recrues, qui dans les premières années de la républiques ont emporté les victoires. Ce sont les 50,000 hommes de vieilles troupes et tous les militaires retirés, que la révolution a lancé aux frontières." (S. v. Brandt: Grundzüge der Taktik 1859, S. 8) Marschall Marmont aber sagt in seinen Mémoires (I. p. 155): „Cette guerre d'Italie si célèbre, conduite avec des troupes peu manoeuvrières, ne se composa, à deux exceptions près, que d'affaires de poste, de combats partiels, mais alors l'éducation de tout le monde était à faire!" und noch in Egypten bewiesen sich die französischen Generale als unwissend und ungeschickt, und hatten von großen Operationen noch keine Idee.

***) Dies hat die Preußische Armee 1813—14 bewiesen.

Unsere Tirailleure, **Chasseurs à pied**, Zuaven ꝛc., diese **enfants perdus** unserer Armee, diese Vorläufer des Angriffs und des Sieges, bringen unsere lahme Feder fast zur Verzweiflung. Welche Mannigfaltigkeit, aber welche Verschiedenheit, welcher Zusammenfluß der verschiedensten Dinge, welche Seltsamkeit stets neu entstehender Uebungen, von Kraftstreichen und Gewandtheit, um den Körper gelenkig und geschmeidig zu machen, den Lauf zu beschleunigen, die Last zu erleichtern, Arm und Auge zu stärken ꝛc. ꝛc.

Unserem Tirailliren ist nichts in der Welt zu vergleichen. — (?) —

Die Kraft der Angriffs-Bewegung unserer Linien-Infanterie überwiegt die der Preußischen Linien-Infanterie um das Fünffache: aber die Bewegungen unserer Tirailleure überwiegt die unserer Linien-Infanterie um das Fünffache, so daß eine taktische Einheit französischer Tirailleure mindestens zehnmal mehr Offensivkraft, als eine gleich starke Preußische Einheit besitzt[*]. Alle großen europäischen Armeen, außer der französischen, sind so versteift und so schwerfällig, daß unsere Tirailleure, in ihrer heutigen Verfassung, fast allein genügen, um sie zu schlagen. — (?) —

Zur Bestätigung unserer Behauptung, welche im Auslande viel Widerspruch erregen wird, berufen wir uns auf den letzten Krieg in Italien, wo mehr als einmal die Oestreichischen Brigaden plötzlich durch unsere Tirailleure aufgehalten wurden, welche der Linien-Infanterie das ganze Feld frei gefegt hatten.

„Die Franzosen, sagt der Prinz, machen nicht gern nächtliche Angriffe"[**].

---

[*] Recensent hat sich hier zum Nachtheil der französischen Armee verrechnet, da bekanntlich 5 mal 5 nicht 10, sondern 25 giebt.

[**] S. „S. m. Denkschrift ꝛc." S. 22.

Nichts ist wahrer. Wir greifen unsere Feinde um so weniger gern des Nachts an, weil wir glauben, am Tage leichter mit ihnen fertig zu werden. Warum sollten wir es vorziehen, nicht sehen zu können, wohin wir schießen und schlagen? Aber noch mehr: Wir sehen sogar es auch nicht gern, des Nachts angegriffen zu werden. Etwa: weil wir fürchten, daß unsere übliche Unordnung sich des Nachts in eine völlige Auflösung verwandeln könnte? — Wir haben dieser bei uns üblichen Unordnung, mit welcher der Prinz uns beehrt, schon früher Gerechtigkeit widerfahren lassen. Der Prinz möge uns aber doch sagen: welche Armee ihre Glieder des Nachts ebenso leicht fest erhält, als am Tage*). Eine Armee welche dieses Meisterstück fertig brächte, müßte ganz einfach ein Körper sein, dessen einzelne Theile vermöge der Molecular-Attraction an einander festhielten, d. h. eine compacte und todte Masse, ein Block, der auch am Tage zu fliegen unfähig sein würde. In der That aber kennen wir die wirkliche Tragweite eines nächtlichen Angriffs nicht genau genug aus der Erfahrung; denn unsere Feinde haben uns nicht genug daran gewöhnt **).

---

*) Die **Preußische Armee** hat dies vermöge ihrer Disciplin und ihrer festen geschlossenen Ordnung mehrfach glänzend bewiesen, namentlich:

1) am 14. October 1758 bei Hochkirch, wo **Friedrich II.**, von einem, an Zahl seinen Streitkräften weit überlegenen, Feinde, Morgens 5 Uhr, also in noch finsterer Nacht! überfallen, bis 10 Uhr, d. h. 5 Stunden lang, den kräftigsten Widerstand leistete und trotz aller erlittenen schweren Verluste an Menschen und Material, nicht nur auf Kanonen-Schußweite vom Feinde, mit voller Ordnung seinen Rückzug antrat, welchen der Gegner nicht hörte, sondern, nur eine Meile vom Schlachtfelde eine neue Stellung nahm, und in dieser mehrere Tage, dem Feinde gegenüber, stehen blieb, ohne von demselben weiter behelligt zu werden.

2) Am 9. März 1814, wo die Preußische Armee, nach der an diesem Tage **Napoleon** gelieferten Schlacht bei Laon, Abends 7 Uhr, also in finsterer Nacht! die Franzosen überfiel und dem Marmont'schen Corps seine ganze Artillerie nahm.

3) Am 18 Juni 1815 bei Wavre, wo das 3te Preußische Armee-Corps, dem überlegenen Feinde gegenüber, das Gefecht bis zur Nacht! fortsetzte und seine Stellung bei Wavre behauptete.

**) Am 9. März 1814 bei Laon wurde den Franzosen diese Gelegenheit ziemlich gründlich gegeben.

Der Preußische Prinz sagt auch noch, daß die Schlacht-Ordnungen, die wir anwenden, sehr an diejenigen Friedrichs des Großen erinnern! er sagt, daß er es positiv wisse, daß unter anderen unsere Schlacht-Ordnung en échelon und en échiquier nur eine Nachahmung der schrägen Schlacht-Ordnung seines berühmten Ahnherrn sei, und er glaubt, daß dies auch mit allen den französischen taktischen Grundsätzen, welche er angeführt und besprochen hat, der Fall sei*).

Wir wissen wohl, daß Friedrich der Große eine, für seine Zeit sehr sinnreiche, schräge Schlacht-Ordnung anwendete, aber ist es noch nöthig, um dem Prinzen den großen Unterschied zwischen jener und der en échiquier fühlbar zu machen, seine Aufmerksamkeit auf das Wesen der Preußischen Phalanx zu lenken?

Die Schlacht-Ordnung en échiquier ist ein Gewächs aus französischem Boden; nur die französische Behendigkeit und Lebendigkeit haben eine Wirkung erzeugen können, welche der deutschen Schwerfälligkeit jederzeit die Spitze bietet **). —(?)—

Wenn wir übrigens die in Rede stehende Schlachtordnung irgend woher entlehnt haben sollten, so müssen wir sie aber wohl für uns passend gefunden haben, was hingegen die Preußen von derselben nicht sagen könnten, weil sie auf dieselbe verzichtet haben. Alle Welt weiß, daß die schräge Schlacht-Ordnung Friedrichs des Großen auf die Dauer nicht das

---

*) S. „E. m. Denkschrift ꝛc." S. 28.

**) Daß Recensent sich auch hier wiederum im Irrthume befindet, ist zu ersehen aus: v. Brandt, „Grundzüge der Taktik ꝛc." S. 175, wo in Betreff der Echelons bemerkt wird:

„Schon Guibert, dieser vornehmste Doctrinair seiner Zeit (i. e. bald nach dem siebenjährigen Kriege) meint, daß Attaken dieser Art von wenig Nutzen sein dürften", und S. 176, 177 ist gesagt: „Aelter und berühmter sind die sogenannten schachbrettförmigen Bewegungen — en échiquier —, die sich, wahrscheinlich dem römischen Quincuncial-System entlehnt, seit dem spanischen Erbfolgekriege her, des Bürgerrechts in allen Handbüchern erfreuen; ferner S.178:

Glück der Preußischen Armee gemacht hat, und daß sie wie ein Meteor vorübergegangen ist, so daß der Prinz, in Betracht unseres échelon und unseres échiquier, sie erst aus den bestaubten Acten der Berliner Kriegs-Kanzlei hat wieder ausgraben müssen. — (?) —

Hieraus folgt aber, daß, wenn die Preußen jemals zu der schrägen Schlacht-Ordnung Friedrichs zurückkehren sollten, dies in der That nur in Folge unseres Beispiels und nicht dessen des großen Königs geschehen würde, so daß wir, auch in dieser Hinsicht, das Verdienst einer bezüglichen Originalität vor ihnen voraus haben würden. — (?) —

Der Preußische Prinz besteht aber durchaus auf die Nothwendigkeit: die, bei uns naturalisirten, taktischen Grundsätze in der Preußischen Armee anzunehmen und anzuwenden*), und schließt den ersten Theil seiner Denkschrift mit Worten und Betrachtungen, welche auf den Leser einen recht peinlichen Eindruck machen, indem er sagt:

(S. 23) „Mögen wir es thun (nämlich uns von der Wahr-

„Bei bloßen Infanterie-Gefechten dürften sie gar nicht, oder aber nur gegen einen ungelenkigen, wenig thätigen Gegner benutzt werden können."

Notorisch bekannt ist übrigens, daß schon im siebenjährigen Kriege, in der Schlacht bei Torgau, am 3. November 1760, General v. Hülsen einen Rückzug **en échiquier** machte.

Endlich sagt auch Gen. Renard: „Betrachtungen über die Taktik 2c." S. 32, 33:

„Die Linien-Manöver des (französischen) Reglements von 1791 sind den Bewegungen nachgebildet, welche **Friedrich** seine Truppen im Lager von Potsdam ausführen ließ; beide sind bis auf einige Ausführungs-Details, welche im Reglement von 1791 verbessert sind, fast identisch. Man findet hier die Deployements der Colonnen mit ganzer Distance, die Formationen und Deployements der geschlossenen Colonnen." .... Wir finden ferner wieder die Frontveränderungen nach zwei senkrechten und schrägen Linien, die Defilée-Passagen, die directen und indirecten Echelons, die schachbrettförmigen Stellungen — (d. h. en échiquier). Bezüglich aller dieser Manöver sind die Franzosen den **Preußen tributär**." — Sapienti sat.

*) In der gndst. militairischen Denkschrift findet sich kein Wort, welches ein derartiges Verlangen auch nur im Entferntesten andeuten könnte.

heit dieser Grundsätze durchbringen zu lassen), so lange es noch
Zeit ist!"*).

Der Prinz fürchtet, daß die Franzosen die Preußische
Armee über den Haufen werfen und die Rhein-Provinzen in
Besitz nehmen möchten, noch ehe die Preußen Zeit gehabt hätten, die französische Taktik, ihr einziges Rettungsmittel, bei
sich einzubürgern**). — (?) —

Er bemerkt hierauf, daß die Russen und die Oestreicher
überall und in allen Gegenden von den Franzosen besiegt worden wären, und deutet an, daß die Engländer eben nicht besser
als jene fahren dürften***), worauf er mit einer ebenso
feierlichen als kläglichen Stimme ausruft: „Wie wird es uns
gehen"? †)

---

*) Die bezügliche Stelle in der quäst. Denkschrift (S. 23) lautet wörtlich:
„Die Kriegsgeschichte ist da, daß man aus ihr lerne! Mögen wir es thun,
so lange es noch Zeit ist!" —
In wiefern eine so wahre, zu allen Zeiten und für alle Armeen passende Aufforderung „einen peinlichen Eindruck" auf den Leser machen könne? ist
schwer zu erklären.

**) In keiner Stelle der quäst. Denkschrift wird eine derartige Besorgniß
ausgesprochen.

***) Die bezügliche Stelle der Denkschrift (S. 23) lautet wörtlich: „Selbst die
Engländer, mit der bewährten Taktik des eisernen Herzogs an ihrer (i. e. der Franzosen) Seite kämpfend, sind von ihren (i. e. der Franzosen) Leistungen moralisch
überholt worden."
Der Herr Recensent hat diese Stelle in seiner Uebersetzung also durchaus
unrichtig wiedergegeben.

†) Die bezügliche Stelle der Denkschrift (S. 24) lautet wörtlich so, wie sie der
Uebersetzer wiedergegeben hat. Hätte derselbe aber im Texte seiner Kritik auch
die, jenen Worten der Denkschrift als Antwort auf jene Frage unmittelbar folgende,
Stelle derselben — anstatt diese wohlweislich fortzulassen — noch hinzugefügt,
welche wörtlich lautet:
„Wir können sie besiegen und, wenn es uns gelingt, im Kriege unsere Anschauungen nicht ausschließlich an die Gewohnheiten des Exercirplatzes, des Reglements und des Schützen-Systems zu binden, so werden wir sie besiegen. —
Hierin liegt die alleinige, aber große Schwierigkeit und mein einziges Bedenken;"
— so dürfte wohl kein Verständiger diese, nicht genug zu beherzigenden, Zutrauen
erweckenden Worte für den Ausdruck der Besorgniß einer kläglichen Stimme
halten.

Nachdem er endlich indirect ein Geständniß ablegt, welches über die Preußische Armee eine Ansicht erweckt, welche selbst die bitterste Kritik kaum zugeben dürfte, läßt er durchblicken: daß Preußen, von der französischen Armee überfallen, sich nur noch durch das Aufgebot der ganzen Nation vertheidigen könne *). — (?) —

Halten wir hier inne und versuchen wir, die Besorgnisse, welche den Prinzen quälen, unsererseits zu bannen.

Wie siegreich auch unsere Armee in den beiden neuesten großen Kriegen sich gezeigt hat! ist dies denn ein Grund, die Ueberlegenheit unserer Waffen zu mißbrauchen? Hat der Kaiser nicht trotz Englands, seines Alliirten, dem Krimm-Kriege mitten in seinem Laufe Halt geboten? hat er es nicht vorgezogen, den Krieg in Italien lieber abzukürzen, sein Werk nur halb zu vollenden, sogar feierliche Verpflichtungen aufzugeben, als es auf einen europäischen Krieg ankommen zu lassen? Napoleons III. politisches und militairisches Benehmen liefert den Beweis, daß sein Geist der Idee der Eroberung, welche das Erste Kaiserreich kennzeichnete, unzugänglich ist. Eine so große Mäßigung der Wünsche und Ansprüche sollte, unserer Ansicht nach, Preußen etwas mehr Zutrauen zu Frankreich einflößen. Unbezweifelt sind unsere Gränzen nicht genug nach Norden vorgeschoben, um gegen eine Invasion mit Leichtigkeit vertheidigt werden zu können; doch ist dies kein Grund, daß wir uns auf Kosten des Völkerrechts arrondiren sollten: das beschworene Wort brechen, heißt sich selbst betrügen; wer alle Welt hintergeht, hintergeht vor allen sich selbst **).

Mögen die Preußen sich denn beruhigen und aufhören, Befürchtungen laut werden zu lassen, welche ebenso wenig für sie, als für uns ehrenvoll sind.

---

*) Auch diese Andeutung läßt sich aus keiner Stelle der quäst. Denkschrift entnehmen.

**) Sapienti sat!

Wie der Prinz uns durchblicken läßt, würde Preußen — in seinen Gränzen angegriffen — dem Eindringenden den dreifachen Damm seiner regulären Armee, seiner Landwehr und seines Landsturmes entgegenstellen *).

Wir kennen die Macht dieser Hebel und wollen selbst dem deutschen Patriotismus im Allgemeinen unsere Achtung nicht versagen: können deshalb aber doch nicht umhin, unser Erstaunen darüber auszusprechen: daß eine Armee von 5—600,000 Mann sich nicht für mächtig genug erachtet, die innere Vertheidigung des Landes allein übernehmen zu können.

Der erste Theil der Denkschrift des Prinzen bezweckt, die Taktik der Franzosen in Hinsicht ihrer hervorstechendsten Eigenthümlichkeiten, so wie in Betreff ihrer vorzüglichsten Verschiedenheiten in Vergleich mit den Gebräuchen und Gewohnheiten der Preußischen Armee, darzulegen **). Der Prinz hat aus verschiedenen und zahlreichen Quellen geschöpft. Ihm standen die großen Thaten der beiden neuesten Kriege zu Gebot, welche er in ihrem ganzen Umfange ausgebeutet hat. Um seine Ansicht zu bilden, hat er sich jedoch nicht mit einer einfachen Aufzählung der Thatsachen begnügt, sondern hat es versucht, dieselben der Theorie anzupassen, welche sich in den Werken eines unserer größten Marschälle ausgesprochen findet ***). Der Prinz hat sogar unsere Uebungs-Lager besucht und unseren größeren und kleineren Uebungen als ritterlicher Zuschauer beigewohnt. Ungeachtet aller dieser Hülfsquellen, verbunden mit einem ernsten Studium unserer Handlungsweise, für welches jede Seite der Denkschrift zeugt, kennt Prinz Friedrich Carl uns aber dennoch nicht. — (?) —

---

*) Auch hierüber giebt die quäst. Denkschrift nicht die leiseste Andeutung.

**) Derartige Vergleiche finden sich an keiner Stelle der quäst. Denkschrift.

***) Marschall Bugeaud.

In Betreff der Führung des wirklichen Krieges gesteht er uns höchstens einige, aus den gelungenen Erfolgen abgeleitete, Maximen zu. Seiner Ansicht nach ist die Ordnung, und dieser zufolge die Disciplin, — denen nach unseren Zwiespalten im Innern, unserer Ansicht nach, in unserer Armee ein Asyl geblieben war — nicht französisch*): er giebt nur die Thatsache unserer Siege und unseres élan zu, dessen Natur und wahre Basis er durchaus nicht kennt.

Dem Prinzen mangelt augenscheinlich das wesentliche Element der Anschauung, da er nicht in dem einen oder dem anderen Feldlager, in einem der beiden Kriege, welche wir im Orient und in Italien bestanden haben, anwesend war. Doch wir täuschen uns. Um unseren nationalen Geist in militairischer Beziehung verstehen, überhaupt begreifen zu können, muß man durchaus Franzose sein. Die Franzosen haben einen Sinn mehr als alle übrigen Nationen, den militairischen Sinn, und können daher nur sich selbst begreifen**). Unserem kriegerischen Sinn ergeht es wie unserer Sprache und Literatur; die übrigen Nationen haben eine Ahndung davon und sind darin vernarrt, der Geist aber, das Geheimniß derselben, bleiben für sie für immer ein versiegeltes Buch. — (?) —

Der zweite Theil, oder der Nachtrag der Denkschrift, ist bis auf einige Einzelnheiten nur der Vortrag eines militairischen professeur en amateur, mit dem Bestreben, die französische Taktik der Preußischen Armee zu inoculiren, um sie auf diese Weise, bei einem Zusammenstoß mit der französischen Armee unbesiegbar zu machen. — (?) —

Demzufolge soll die Preußische Armee drei Cardinal-Tugenden sich aneignen, welche ihr fehlen:

---

*) Auch nicht die leiseste Andeutung dieses Gedankens findet sich in der anäst. Denkschrift.

**) Dieser Behauptung dürfte wohl Niemand widersprechen!

1) die ideale, moralische und physische Vollkommenheit des Soldaten;
2) die ideale Vollkommenheit des Generals als solchen;
3) das natürliche Geschick, sich Befehlen und allen taktischen Formen zu fügen*). — (?) —

Alles was der Prinz über die Ausbildung des Soldaten sagt, welchen er sehr richtig als ein aus Seele und Körper bestehendes Wesen betrachtet, ist vollendet.

Die Vorschriften und Lehren aber, welche der Prinz hier ausspricht, sind genau dieselben, welche bei uns Franzosen gang und gäbe sind, und die wir täglich, im Frieden so wie im Kriege, zur Ausübung bringen.

Hieraus folgt, daß der Prinz im französischen Soldaten den militairischen Werth als auf den möglich höchsten Grad entwickelt findet und daß er den französischen Soldaten, in moralischer und physischer Beziehung als den Typus, das Muster für den Preußischen Soldaten hinstellt**).

Die Details, in welche der Prinz eingeht, um seinem Auditorium die Nothwendigkeit der moralischen und physischen

---

*) Die bezügliche Stelle der quäst. Denkschrift (S. 29, 30) lautet wörtlich:
„Es muß erstlich die vollste kriegerische Tüchtigkeit der einzelnen Individuen, aus denen die Armee besteht, im Frieden mit Ernst angestrebt worden sein. Demnächst müssen Männer unsere Heere und größeren Heerestheile kommandiren, welche sich auf die Kriegführung und darauf die drei Waffen gemeinsam wirken zu lassen, hinlänglich verstehen. Endlich müssen die eingeübten taktischen Formen die Verwendung der Waffengattungen und der einzelnen Truppentheile, wie auch des einzelnen Soldaten, in der größten Mannigfaltigkeit, hauptsächlich aber in der Weise gestatten, wie sie den krieg- und siegegewohnten Franzosen gegenüber völlig erscheinen."

Wie Recensent diese durchaus correcten Sätze in der Uebersetzung verstümmelt und nach seiner Ansicht zurecht gelegt hat, ist demnach zur Genüge ersichtlich.

**) Diese Schlußfolge dürfte wohl mindestens als „zu gewagt" zu bezeichnen sein; denn schwerlich möchte der Erlauchte Verfasser der Denkschrift jemals daran gedacht haben: „den französischen Soldaten als das Muster für den Preußischen bezeichnen zu wollen", auch deutet keine Stelle der Denkschrift nur im Entferntesten hierauf hin.

Entwickelung des Preußischen Soldaten begreiflich zu machen, enthalten für den französischen Officier nichts Neues; die französische Armee entspricht in ihren Gliedern unteren Grades aber dem Ideal, welchem der Prinz die Preußische Armee ähnlich zu machen wünscht. Wir beschränken uns daher auf die Prüfung: ob die Mittel, welche er empfiehlt, um die Preußische Armee der unserigen gleich zu machen, wirklich im Stande sind, die Früchte zu erzeugen, welche er sich davon verspricht; mit anderen Worten: ob das, was genügt, um einen guten französischen Soldaten herzustellen, auch ausreicht, um einen guten Preußischen Soldaten zu bilden, d. h. einen Preußischen Soldaten, der einem guten französischen gleich komme. — (V) —

1. Das Klima Deutschlands ist mehr kalt und feucht, als warm und trocken, während diese beiden Elemente sich über das Klima Frankreichs ziemlich gleichmäßig vertheilen. Hieraus folgt, daß die deutsche Natur mehr passiv als activ, mehr schwerfällig als leicht, mehr langsam als schnell ist, während in der französischen Natur alle diese Eigenschaften im Gleichgewicht stehen. Der Deutsche hat einen Auflug unüberwindlicher Schwerfälligkeit; in dem Franzosen ermäßigen Schwerfälligkeit und Lebendigkeit einander so, daß keine von beiden vorherrscht, wenn nicht vielleicht die Lebhaftigkeit doch etwas mehr die Oberhand über das Gegentheil hat.

2. Alle politischen und bürgerlichen Institutionen, welche die deutschen Völkerschaften beherrschen, sind so complicirt, daß keine einzige deutsche Regierung in unabhängiger, energischer, entschiedener Weise zu handeln vermag. Man erinnere sich nur der unübersteiglichen Hindernisse, auf welche Oestreich stieß, als es zur Zeit des letzten Krieges in Italien die bewaffnete Intervention seiner Bundesgenossen verlangte; ganz besonders aber erinnere man sich des Benehmens Preußens in Hinsicht Oestreichs und Deutschlands, in der Dänischen Frage sowohl als in der Kurhessischen und während des Krieges im Orient ꝛc.

Die beiden deutschen Großmächte paralyfiren einander organisch, und beide werden ihrerseits durch den deutschen Bund paralyfirt. Das Nichtvorhandenfein einer politischen Einheit beweist eine radicale Berschiedenheit der Intereffen, Anfichten und Sympathieen, wodurch a priori jede Zusammenziehung von Kräften auf einen beliebigen Punkt verhindert wird und durch Neutralifirung jedes einzelnen Factors an sich, den ganzen deutschen Körper zu einem fortwährenden Zuftande der Trägheit und Unbeweglichkeit verdammt.

Es würde unnöthige Mühe fein, erst noch den herrlichen Typus der National-Einheit an das Licht zu stellen, welchen die Franzosen in noch nicht funfzehn Jahren, von 1789 bis 1802, durch die heroïschsten Kraft-Anstrengungen ins Leben gerufen haben. Diese Einheit ist heutigen Tages so stark, daß sie, trotz des Sturzes der Dynastien und der Regierungshäupter, unversehrt und unerschütterlich da steht; wer die Executiv-Gewalt in Frankreich fest in der Hand hält, befiehlt unbedingt allen Franzosen, und findet Gehorsam von den Pyrenäen bis zum Rhein, von den Alpen bis zum Ocean *).

3. Die Centralstellung Deutschlands im Continent von Europa und vor Allem innerhalb des politischen Netzes großer Staaten ist abermals eine Ursache seiner Neutralifation, und vor allen der der beiden deutschen Großmächte. Preußen, von drei coloffalen Mächten umfaßt, von denen zwei continentale Militairmächte, die dritte eine militairische Seemacht ist, wird fortwährend gezwungen, von Oft nach West, von West nach Oft, von Süd nach Nord, von Nord nach Süd auszuweichen, ohne jemals die ruhige Lage und das Gleichgewicht finden zu können, nach denen es sucht, ohne, uns gegenüber, aus um so gewichtigeren Gründen, ernste Angriffs-Projekte machen zu können. Frankreich, im Gegentheil, an den Gränzen

---

*) Wie die gegenwärtige Regierung Frankreichs dies am besten beweist.

des südlichen und westlichen Europa, leidet weder unter dem Einfluß des, von zwei abgeschwächten, ohnmächtigen Staaten eingenommenen Südens, noch unter dem Einfluß des, von einer Seemacht eingenommenen, Westens, welche an sich allein unfähig ist, auf dem Continent zu agiren; noch unter dem Einfluß des Nordens, wo sich eine, durch die Natur und Conventionen gebildete, Schutzwehr gegen jede Invasion erhebt, noch unter dem Einfluß des, aus einem Conglomerat kleiner Staaten bestehenden, Ostens, die für sich allein nichts unternehmen können, wohl aber eine Invasion von Nord-Ost her zu fürchten haben.

4. Die sicherste und tief begründete Ursache der Ohnmacht des deutschen Bundes dürfte aber die Verschiedenheit der Religionen sein. Unnütz wäre es, den Vortheil hiergegen geltend zu machen, welchen Frankreich in der Einheit der Religion oder, wenn man will, in dem Mangel an Religion besitzt, dessen uns die Engländer beschuldigen, was aber in Rücksicht auf die Einheit, auf ein und dasselbe hinausläuft.

5. Die Ungleichheit des politischen, bürgerlichen und socialen Zustandes in Deutschland im Allgemeinen und in Preußen ganz besonders ist aber so schlagend, daß ein Ausländer sich kaum eine Idee davon machen kann. Hier herrschen Unterschiede zwischen den Souverainen und den Unterthanen, die um so fühlbarer sind, als Erstere, sehr zahlreich, auf ihre Abstammung pochen, welche, anstatt sie den übrigen Sterblichen näher zu bringen, sie von diesen nur noch mehr entfernt. Es sind dies die Unterschiede zwischen dem hohen Adel und dem geringeren Edelmann, dem sogenannten Dorfjunker (hobereau), zwischen dem Adel im Allgemeinen und dem Bürger- und Bauernstande; zwischen dem Orts- oder Communal-Bürger und dem Staatsbürger, zwischen dem Volke und den Honoratioren, zwischen Officier und Soldat, zwischen Beamten und Privatleuten 2c. 2c.

In Frankreich sind alle diese Abstufungen verschwunden, der Souverain ist das Resultat des allgemeinen Stimmrechts; alle Franzosen sind in politischer Hinsicht einander gleich: alle socialen Standes-Verschiedenheiten sind in Frankreich gesetzlich nivellirt, dadurch aber alle Klassen des Volkes, unbeschadet der Erziehung, des Vermögens, der Abstammung, einander genähert worden. — (?) —

6. Jede Nation, welche nicht instinctmäßig der Verwirklichung einer positiven Idee sich hingiebt, wird sich stets, in militairischer und politischer Hinsicht nur mühsam auf dem Boden fortschleppen, wenn sie übrigens auch die vortrefflichsten und achtbarsten Eigenschaften besäße. In Deutschland aber laufen die Ansichten und Empfindungen, die Interessen und Sympathieen dergestalt auseinander, daß niemals eine positive Idee zur Reife gelangen wird.

Die alten Römer waren begeistert von der Idee, daß Mars sie zum herrschenden Volke der Welt bestimmt habe, und sie haben ihr Ideal unglaublich realisirt. Die Muselmänner glaubten sich von Gott berufen, mit dem Schwerte alle Nationen dem Gesetze Mahomets zu unterwerfen, das Christenthum auszurotten, und gründeten ein unermeßliches Reich. Die russischen Kaiser haben sich mit der Idee identificirt, daß sie die gebornen Repräsentanten der religiösen Orthodoxie seien, und der russische Coloß erhebt sich auf den Trümmern des byzanthinischen Reichs. England hat sich verkörpert mit der Idee, daß der materielle Reichthum und das schnöde Metall das höchste Gut des Menschen seien, und hat die colossalste Seemacht geschaffen, die jemals existirt hat. Die französische Republik war von der Idee der Universal-Republik durchdrungen; Napoleon I. wurde von der Idee einer französisch-europäischen Universal-Monarchie beherrscht, und der Ruhm seiner Eroberungen wird stets in den Ohren aller kommenden Geschlechter nachhallen.

Welche große, mächtige, fruchtbare Idee möchte aber wohl Deutschland so erfassen, um es zu einer erobernden Macht zu treiben? Dieses schöne Land der Mitte wird niemals etwas Anderes erzielen, als was es im 16ten Jahrhundert erzielt hat — Protestantismus, d. h. eine Negation.

Wenn aber diese Betrachtungen, so wie noch viele andere, welche wir aussprechen könnten, in der Wahrheit begründet sind, so wird man hieraus den unumstößlichen Schluß folgern: daß einer deutschen oder Preußischen Armee — und wenn sie die weiseste Strategie mit der wohlgeordnetsten und mannigfaltigsten Taktik zu vereinigen verstände, stets das allein befähigende Element — ein entscheidendes Gewicht in die Schlachtenwaage zu werfen — der élan fehlen würde. — (?) —

Deutschland, dem die Natur den praktischen Sinn versagt hat, ist daher unfähig, sowohl über Kriegs- als über politische und religiöse Angelegenheiten richtig zu urtheilen und zu beschließen. — (?) —

Was soll nun wohl Preußen in dem Zustande von Zwang und fortdauernder Erstarrung, in welchen es versenkt ist, thun, sobald es in einen Krieg mit Frankreich verwickelt wird? Soll es verhängnißvoll noch einmal dem Gesetz der französischen Adler verfallen? Diese, so allgemein gestellte Frage bedarf einer logisch geordneten Antwort, und zwar betrachten wir folgende Fälle: „Preußen wird auf seinem eigenen Grund und Boden angegriffen", oder: „es greift Frankreich an."

Im ersten Falle würde Preußen — wäre es auch erst im Laufe der Zeit — über die französische Armee triumphiren, vermöge des patriotischen Zusammenwirkens aller seiner concentrirten lebendigen und materiellen Kräfte, als da sind: die reguläre Armee, die beiden Aufgebote seiner Landwehr, sein Landsturm, seine Festungen, verschanzten Lager ꝛc. Niemand ist mehr als wir geneigt, die Gewalt der inneren, auf den glühendsten und aufgeklärtesten Patriotismus gestützten, Desenfivfraft Deutschlands und Preußens anzuerkennen. Die Jahre 1813, 1814 und 1815 sind durch das Erwachen des National-Geistes gekennzeichnet, der in förmlichen Franzosenhaß ausartete.

Wenn Preußen dagegen — trotz Mars, trotz seines Klima's und trotz der moralischen Ketten, welche dasselbe von allen Seiten auf sich zurückweisen und es in seiner, durch Verträge festgestellten, Lage fesseln — es sich einfallen lassen sollte, mit seinen isolirten Kräften oder mit denen alliirter Bundesgenossen vereint — Frankreich innerhalb seiner Gränzen oder sonst wo anzugreifen, so würde es ohne jeden Zweifel dem französischen élan unterliegen. — (?) —

Wir glauben nicht, daß es in Europa irgend einen gebildeten Officier geben dürfte, welcher diesen Ausspruch, dessen Wahrheit die Denkschrift des Preußischen Prinzen in allen ihren Theilen annimmt, zu widerlegen vermöchte *). — (?) —

Natur und Geschichte wetteifern mit einander, Preußen in Lapidarschrift das politische und militairische Benehmen anzudeuten, welches ihm vom Schicksal vorgezeichnet worden ist. Bis jetzt scheint Preußen auch die Rolle der Neutralen, welche ihm eine gesunde Strategie vorschreibt, begriffen zu haben. Demungeachtet entschlüpfen ihm von Zeit zu Zeit Anzeichen von unzweideutiger Angriffslust und Feindseligkeit gegen Frankreich. So war es denn auch nahe daran, durch eine gewaltige Bewaffnung und antiföderale Anforderungen an die souveraine und unumschränkte oberste Behörde aller Kräfte Deutschlands, im Jahre 1859 ganz Europa in Brand zu setzen, der aller Wahrscheinlichkeit nach, nur durch die Schnelligkeit der französischen Siege und die Weisheit des Kaisers beschworen worden ist.

---

*) Auch nicht eine Stelle der erwäh. Denkschrift enthält diesen Ausspruch, noch deutet sie dies auch nur im Entferntesten an.

Eine so befremdende Haltung deckt aber Bestrebungen auf, welche alle continentalen Großmächte streng überwachen müssen. Betrachtet man die Lage der Dinge aus dem strategischen Gesichtspunkte, so sind Rußland und Frankreich gleich betheiligt: „Preußen in seine, durch das europäische Recht festgestellten, Gränzen einzuschränken und seine Ansprüche auf die Rolle der deutschen Hauptmacht zu neutralisiren". Deutschland als einige Großmacht würde, vermöge seiner Centralstellung, für Frankreich, sowie für Rußland, unangreifbar sein, nach allen Richtungen gleichmäßig ausstrahlend, würde es aber auch schwerlich der Versuchung widerstehen, die Welt zu erobern*).

*) „Möchte Deutschland die hier zu guter Letzt noch so naiv aufrichtig und so verständlich ausgesprochenen Ansichten, Gedanken und Winke, doch recht ernstlich beherzigen und demnächst recht energisch darnach zu handeln wissen!" —

Nachtrag.

Während des Druckes dieser Blätter sind dem Herausgeber derselben verschiedene militairische Schriften zugegangen, aus denen er einige Notizen — zur Berichtigung resp. Aeußerungen des Herrn Recensenten — hier nachträglich noch mitzutheilen für Pflicht hält.

Bei den, mit poetischem Schwunge geschilderten, Verhältnissen der französischen Soldaten und Officiere zu einander und der hochgepriesenen Gleichheit der Stände in der französischen Armee überhaupt, äußert der Herr Recensent unter Anderem:

(S. 10) „Abgesehen von der hierarchischen Rangordnung und dem Kommandostabe, wird der französische Soldat ebenso gut als seine Vorgesetzten, Herzog oder Pair", und weiterhin:

„Wohl aber giebt es noch einen Europäischen Staat, wo die starke Wand der Alpen zwischen dem Soldaten und dem Officier vorhanden ist ꝛc. ꝛc."

Daß dem jedoch nicht also sei, daß vielmehr in der heutigen Kaiserlichen französischen Armee nicht durchgängig völlige Gleichheit herrsche, sondern daß in derselben, ebenso wie in der früheren „Königlichen", der Adel im Officierstande, namentlich bei den Beförderungen zu höheren Stellen bedeutend bevorzugt wird, darüber liefert die diesjährige Rangliste — l'annuaire militaire de l'armée française de l'an 1861 — den schlagendsten Beweis, der auch für so manche deutsche Schreier gegen die „vermeintliche Bevorzugung des „Adels in den deutschen Armeen, in specie in der Preußischen „Armee!" — eine nützliche Belehrung darbieten dürfte.

Die Oestreichische Militair-Zeitung (Jahrg. XIV, Nr. 70, vom 31. August 1861, Seite 559) giebt eine, aus dem genannten Annuaire militaire de l'an 1861 geschöpfte, dankenswerthe vergleichende Zusammenstellung der Avancements-Verhältnisse der adligen und bürgerlichen Officiere in der französischen Armee, und mag dieselbe „als Entgegnung auf die oben ausgesprochenen Sätze des Herrn Recensenten", so wie „zur Berichtigung irriger Ansichten über den quäst. Gegenstand, welche hie und da in Deutschland vorherrschen", hier eine Stelle finden.

In der heutigen französischen Armee sind:

von	10 Marschällen . . .		5 Adlige,	5 Bürgerliche,
"	95 Divisions-Generalen		47 "	48 "
"	162 Brigade-Generalen .		84 "	78 "
"	121 Obersten . . .	d. Inf.	37 "	84 "
"	66 "	" Cav.	35 "	31 "
"	43 "	" Art.	15 "	28 "
"	32 "	" Génie	6 "	26 "
"	122 Oberst-Lts.	" Inf.	25 "	97 "
"	67 "	" Cav.	29 "	38 "
"	58 "	" Art.	16 "	42 "
"	33 "	" Génie	2 "	31 "
"	514 Bats.-Chefs	" Inf.	85 "	429 "
"	281 Esc. "	" Cav.	81 "	200 "
"	226 " "	" Art.	31 "	195 "
"	120 Bats. "	" Génie	32 "	98 "
"	3804 Capitaines	" Inf.	289 "	3515 "

von 1182 Capitaines d. Cav. 231 Adlige, 951 Bürgerliche,
» 753 » » Art. 91 » 662 »
» 385 » » Génie 17 » 368 »

Hiernach ist die Zahl der Adligen im Verhältniß zu der der Bürgerlichen in den höheren Stellen (vom Obersten exclusive aufwärts) überwiegend, oder höchstens gleich; in den Stellen vom Obersten abwärts ist die Zahl der Bürgerlichen dagegen überwiegend, weil der Adel jetzt weniger als früher in der Armee dient. Bei der Berücksichtigung zum Avancement steht das Verhältniß jedoch so:

Es avanciren
bei der Infanterie
 zu Bats.-Chefs . . . 29,41 Adlige bei 12,20 Bürgerlichen,
 » Oberst-Lieuts. . . 8,65 » » 2,76 »
 » Obersten . . . . 12,80 » » 2,10 »
 » Brigade-Generalen 14,42 » » 1,79 »
 » Divisions- » 8,44 » » 1,05 »
bei der Cavallerie
 zu Esc.-Chefs . . . 35,04 » » 21,03 »
 » Oberst-Lieuts. . . 12,55 » » 3,99 »
 » Obersten . . . . 15,15 » » 3,26 »
 » Brigade-Generalen 14,42 » » 1,79 »
 » Divisions- » 8,46 » » 1,05 »
bei der Artillerie
 zu Esc.-Chefs . . . 34,04 » » 29,17 »
 » Oberst-Lieuts. . . 17,66 » » 6,21 »
 » Obersten . . . . 16,46 » » 4,96 »
 » Brigade-Generalen 6,89 » » 1,61 »
 » Divisions- » 2,20 » » 0,75 »
beim Génie-Corps
 zu Bats.-Chefs . . 100 » » 26,63 »
 » Oberst-Lieuts. . . 11,72 » » 8,42 »

zu Obersten . . .	35,20 Adlige bei	7,00	Bürgerlichen,
- Brigade-Generalen	17,64 -	- 1,25	-
- Divisions- -	5,89 -	- 1,63	-

Aus allen vier Waffen
zu Marschällen . . . 0,80 - - 0,09 -

In der Cavallerie, wo der Adel besonders stark vertreten ist, avancirt derselbe noch schneller als in den übrigen Waffen, und steht das quält. Verhältniß hier so, daß beim Avancement zum Escabrons-Chef der 3te Adlige hierzu berücksichtigt wird, während erst der 5te Bürgerliche dazu gelangt; beim Avancement zum Regiments-Commandeur aber wird der 7te Adlige hierzu ernannt, während erst der 30ste Bürgerliche dazu gelangt.

Bestätigt werden die hier ausgesprochenen Ansichten auch noch durch die Mittheilungen eines höheren Militairs, welcher 1860 und 1861 in Frankreich reiste, indem derselbe in obiger Beziehung sich dahin ausspricht:

„Wenn neuerdings die Ansicht ausgesprochen ist, daß der Adel unter den französischen Officieren immer mehr verschwinde, so muß Verf., nach seiner Wahrnehmung, dies nicht allein bestreiten, sondern hinzufügen, daß im Gegentheil in den letzten Jahren die Zahl der adeligen Officiere zugenommen hat" *).

Endlich muß in Bezug auf die S. 17 befindliche Aeußerung: „Entschieden dürften unsere, dem Auge des Preußischen Prinzen so mangelhaft erschienenen, Uebungen der Wirklichkeit bedeutend näher kommen, als die Preußischen Manöver mit zwei Divisionen gegen einander, die gleichzeitig ihren allgemeinen, so wie ihren besonderen Zweck verfehlen" — hier noch entgegnet werden: daß Recensent sich nicht ganz genau

---

*) Siehe „Vergleichende Ansichten über den Krieg in Italien 1859 ic. und ergänzende Bemerkungen über die französische Armee." Glogau 1861. Verlag von Carl Flemming. S. 60.

mit den Uebungen der französischen Armee in neuester Zeit bekannt gemacht zu haben scheint, daß Letztere aber die Uebungen der Preußischen Armee in Manövern mit zwei Divisionen gegen einander, doch nicht für so ganz zwecklos erachten dürfte: denn, wenn früher — wie dies auch in der quäst. Schrift: „Die französische Armee auf dem Exercirplatze und im Felde ꝛc." angeführt worden ist, — „die größeren Uebungen der französischen Armee in Manövern mit zwei Divisionen oder Corps gegen einander fast nie oder doch nur höchst selten stattfanden", — so ist dies seit dem letzten Kriege in Italien 1859 nicht mehr der Fall, wie dies aus der hier, in der Note zu S. 64, angeführten trefflichen kleinen Schrift hervorgeht, indem dort (S. 54) wörtlich gesagt ist: „daß stets „ohne Gegner, der auch nicht einmal markirt ist, bei den Uebun„gen mit größeren Truppenmassen manövrirt wird, darf Verf. „wenigstens in so weit widerlegen, als im Lager von Châlons „das Gegentheil allemal stattfand, wenn im Feuer mit „Waffenmischung aller Lager=Truppen manövrirt wurde."

Aber auch in Hinsicht der Präcision und Beobachtung scharfer Formen und strammer Haltung scheint die französische Armee seit dem Jahre 1859, nach dem italiänischen Kriege, sich den, in der Preußischen Armee in dieser Hinsicht geltenden, Principien mehr zu nähern; denn nicht nur dem Verfasser der „Vergleichenden Ansichten ꝛc." (S. 56), sondern auch dem Verfasser dieser Zeilen, so wie mehreren deutschen Officieren, welche 1860 oder 1861 französische Truppen in Frankreich bei Gelegenheit von Paraden und Exercitien gesehen haben, ist es aufgefallen, „daß die bezüglichen französischen Truppen sich, bei diesen Gelegenheiten, ungleich präciser und strammer in ihrer Haltung, Richtung ꝛc. präsentirten, als dies vor 1859 der Fall war.

Druck von E. S. Mittler und Sohn.